SEJA FORTE CORAJOSA INVENCÍVEL IMBATÍVEL

Kênia Gama

PREFÁCIO DE JOEL JOTA

SEJA FORTE CORAJOSA INVENCÍVEL IMBATÍVEL

MULHERES INABALÁVEIS DÃO A VOLTA POR CIMA

Gente editora

Diretora
Rosely Boschini
Diretora Editorial
Joyce Moysés
Editora
Rosângela de Araujo Pinheiro Barbosa
Analista Editorial
Mariá Moritz Tomazoni
Produção Gráfica
Leandro Kulaif
Preparação
Gleice Couto
Capa
Renata Zucchini
Projeto Gráfico
Marcela Badolatto
Márcia Matos
Diagramação
Marcela Badolatto
Revisão
Fernanda Costa
Impressão
Bartira

R. Dep. Lacerda Franco, 300 - Pinheiros
São Paulo, SP - CEP 05418-000
Telefone: (11) 3670-2500
Site: www.editoragente.com.br
E-mail: gente@editoragente.com.br

Dados Internacionais de Catalogação na Publicação (CIP)
Angélica Ilacqua CRB-8/7057

Gama, Kênia
Seja forte, corajosa, invencível, imbatível: mulheres inabaláveis dão a volta por cima / Kênia Gama. - São Paulo : Editora Gente, 2025.
176 p.

ISBN 978-65-5544-671-5

1. Desenvolvimento pessoal 2. Autoconhecimento 3. Mulheres - Poder I. Título

25-4383 CDD 158.1

Índices para catálogo sistemático:
1. Desenvolvimento pessoal

NOTA DA PUBLISHER

São poucos os autores que conseguem, livro após livro, aprofundar ainda mais sua missão de transformar vidas. Kênia Gama é um desses casos tão especiais. Este já é o terceiro título que publicamos juntas na Editora Gente, e posso dizer, com toda convicção, que a cada nova obra ela entrega mais potência, mais profundidade e mais conexão com as dores reais de milhares de mulheres brasileiras.

O tema que ela aborda nesta obra é urgente. Muitas mulheres, hoje, se veem esmagadas pelas pressões profissionais, familiares, sociais e emocionais. Tentando dar conta de todas essas frentes, perdem de vista quem são, o que desejam e, principalmente, o que merecem. Kênia, com sua escuta afiada e sua vivência como empresária e mentora de mulheres, tem um talento raro para traduzir sofrimento em clareza, e clareza em ação.

Este livro chega como um chamado direto para quem já cansou da estagnação ao repetir padrões que adoecem e machucam. É uma leitura que, desde as primeiras páginas, oferece acolhimento sem condescendência e ensina força sem rigidez. Tanto em seus treinamentos no evento Mulher Brilhante quanto em seus livros, Kênia entrega exatamente aquilo de que suas leitoras mais precisam: um caminho possível e amoroso para o reencontro com a própria essência.

Ao longo da leitura, a autora conversa com a leitora como quem segura sua mão e a escuta de maneira genuína e atenta. Sem julgamentos, sem fórmulas vazias, mas com a autoridade de quem já viu, ouviu e ajudou milhares de mulheres a reconstruírem suas histórias a partir da arma mais forte que possuem: si mesmas.

Se você se sente perdida, este livro é para você. Se você se sente pressionada, sem rumo, sufocada pelas demandas da vida profissional e pessoal, este livro é para você. Se você está começando, ou começou sua jornada empresarial e está lutando para enxergar o valor dos seus esforços, este livro é para você. Mergulhe nesta leitura com coragem e se permita descobrir uma nova versão de si.

Com carinho,

ROSELY BOSCHINI
CEO e Publisher da Editora Gente

Agradeço e dedico esta obra ao Autor da Vida, Aquele que nos dá a paz que excede todo entendimento, o também Autor e consumador da minha fé: Jesus!

Também àqueles que me dão a base, que me seguram quando estou prestes a cair, a minha teia de elásticos: família, amigos, pastores. Especialmente a algumas pessoas que estiveram bem presentes nos meses que precederam a escrita deste livro, o período mais desafiador, transformador e incrível da minha vida: meus filhos, o meu "por quem"; minha equipe, que permaneceu ao meu lado nos momentos desafiadores; minha irmã, que jejuou e orou 21 dias quando eu precisava e entendeu a minha dor; e meus amigos.

Às centenas de mulheres que me seguem nas redes sociais e vão aos meus eventos, vocês são a minha missão aqui na Terra e a centelha divina que sopra em mim todos os dias e me mantém com energia para fazer e conquistar.

SUMÁRIO

PREFÁCIO

Conheci a Kênia em 2016, em um programa de mentoria para empresários conduzido pelo Conrado Adolpho. Naquela época, eu vivia um momento crucial da minha carreira, um daqueles pontos de virada em que as decisões certas mudam o rumo da vida. A Kênia apareceu com a generosidade que sempre a acompanhou. Foi solícita, atenciosa e, acima de tudo, humana.

Naquele encontro, ela me ajudou a enxergar com clareza o que eu precisava fazer. Trouxe direção, leveza e amizade. Desde aquele dia, algo me disse que nossa conexão ultrapassaria o tempo e o contexto de uma simples mentoria.

Com o passar dos anos, nossa relação foi além dos limites do mundo dos negócios e se tornou uma amizade genuína. Tive a oportunidade de conhecer sua família, participar de projetos, eventos, mentorias e lançamentos que ela idealizou, e Kênia também esteve presente em muitos dos meus. Criamos juntos, sonhamos juntos, trocamos aprendizados e fortalecemos uma relação construída com admiração e carinho.

Prefaciar este livro é motivo de orgulho e também de responsabilidade. Porque não se trata apenas de abrir um livro, mas de abrir as portas para a história de uma mulher que tem resultado, propósito e coragem. Kênia é uma dessas pessoas que transformam a própria trajetória em serviço, e sua contribuição à educação e ao desenvolvimento humano é evidente em cada palavra deste projeto.

Ela é uma empresária com um ecossistema robusto, um movimento que inspira milhares de mulheres empreendedoras e, ao mesmo tempo, toca famílias, empresas e comunidades inteiras. O núcleo do seu trabalho é o empoderamento feminino, mas sua visão é ampla. Ela fala sobre espiritualidade, saúde, emoção, finanças e propósito. O título *Seja forte, corajosa, invencível, imbatível* não é apenas uma marca, é a definição da própria Kênia.

Ao longo dos anos em que a vi crescer, testemunhei sua força em momentos desafiadores e sua capacidade de se reerguer com ainda mais sabedoria e fé.

Este livro é um mapa de força e reconstrução. Kênia conduz a leitora por uma jornada de autoconhecimento e cura, mostrando que é possível transformar dor em sabedoria. A metáfora da árvore antifrágil, que cresce mesmo nas tempestades, define bem sua mensagem. Ela ensina que ser inabalável não significa não sentir, mas aprender a crescer com as rachaduras e florescer a partir delas.

A obra une espiritualidade, ciência e propósito com profundidade e leveza. As páginas revelam histórias, exercícios e reflexões que conduzem a leitora da vulnerabilidade à força, da limitação ao crescimento, da sobrevivência à plenitude. Kênia oferece um método que combina fé com execução, coração com razão, emoção com ação, em busca o equilíbrio entre mente, corpo e alma.

Este livro é uma experiência de transformação. Ele desperta a coragem de enfrentar o que parecia impossível e convida você, leitora, a enxergar que diagnóstico não é destino, fracasso não é sentença e dor não é fim.

Quem mergulhar nesta leitura não sairá a mesma. As palavras, os exercícios e as reflexões começam a gerar mudança antes mesmo da última página. É impossível não se sentir impulsionada a crescer, reconstruir e agir.

A beleza deste trabalho está no fato de que a Kênia não apenas ensina, mas vive o que ensina. Ela está presente nas redes, nas mentorias, nos encontros e nas comunidades que lidera. Este livro é apenas uma das maneiras pelas quais ela continua cumprindo sua missão de transformar pessoas e despertar o melhor em cada uma delas.

Desejo a você uma leitura profunda, sincera e transformadora. Que as palavras da Kênia encontrem em você o mesmo poder que encontrei em suas atitudes e seus ensinamentos. Que cada capítulo inspire você a acreditar novamente, a se levantar com mais força e a viver uma vida de propósito e fé. Porque a Kênia é a prova viva de que ser inabalável é possível.

JOEL JOTA

Empresário, escritor best-seller, cofundador da Mentoring League Society e host do podcast Top 1 de negócios, o Jota Jota Podcast

O que hoje aprisiona
você é também
o que a prepara
para libertar outras
amanhã.

Seja forte, corajosa,

invencível, imbatível

@keniagama

INTRODUÇÃO

A FORÇA DO INABALÁVEL

No meio de uma floresta, ao redor de uma árvore pequena e de aparência frágil, havia outras muito maiores, com troncos largos e galhos se impondo com orgulho. A cada tempestade, todos acreditavam que aquela pequena árvore seria arrancada pela raiz. Ela se curvava ao vento, tremendo com a chuva, como se fosse tombar a qualquer momento. No entanto, os anos passaram, e algo surpreendente aconteceu.

Enquanto as árvores maiores perdiam galhos ou se partiam durante as tempestades, aquela árvore frágil continuava firme. A cada ventania, suas raízes buscavam mais fundo o solo. A cada raio de sol pós-chuva, ela se fortalecia. Com o tempo, ela se tornou a árvore mais imponente da floresta. Ela não foi apenas resiliente. Resiliência é resistir e voltar ao estado original. Ela foi antifrágil: transformou crise em crescimento, dor em raiz, impacto em força.

Eu já fui uma árvore frágil. A menina magrinha, dois anos adiantada na escola, que fingia não se importar com as humilhações só para ser aceita. A jovem que buscou força física por meio da compulsão alimentar, que enfrentou diabetes, que quebrou financeiramente mais de uma vez, e que acreditou que não daria conta como mãe, esposa, empreendedora. Eu também conheci a dor do abandono, a depressão, a obesidade, a rejeição e a solidão dentro de um casamento longo. Já pensei que não teria forças para recomeçar.

No entanto, cada uma dessas tempestades me levou a desenvolver raízes mais profundas. E, nesse momento, descobri que não precisava apenas resistir. Eu podia florescer. Eu podia ser inabalável.

E foi exatamente isso que fiz. Busquei conhecimento com a mesma intensidade que buscava sobrevivência. Entendi que não bastava apenas querer mudar – eu precisava me capacitar para mudar. Foi então que mergulhei em formações e certificações profundas: Psicologia Positiva, Psicanálise, TCC (Terapia Cognitivo-Comportamental), Hipnose Clínica, Hipnoterapia, DISC, MBTI, Eneagrama, Temperamentos, Sabotadores, além de imersões, mentorias e treinamentos comportamentais.

Esses estudos deixaram claro que eu não era vítima do passado, mas protagonista do futuro. Cada curso foi parte do alicerce na casa; cada formação, uma nova semente plantada no jardim. Aos poucos, percebi que não era mais refém da dor. Eu me tornei engenheira da minha mente, arquiteta da minha vida e mentora da transformação de milhares de outras mulheres.

Também me conectei espiritualmente de maneira mais profunda: fui buscar terapia e rodas de curas de mulheres e percebi que há força na vulnerabilidade. Afinal, só os fortes se propõem a desemaranhar os nós da vida. E, apesar de ter estudado e continuar estudando, as terapias e imersões trazem a visão externa de que preciso limpar as vidraças da casa que construo para enxergar melhor o lado de fora, e assim eu sigo, inabalável, em busca do futuro que mereço, acessando-o dia após dia.

Se em *Desperte a mulher brilhante que existe em você*[1] eu a convidei para acender a luz que já existe em sua essência e mostrei como essa luz pode iluminar o caminho da prosperidade e da abundância financeira em *Desperte a mulher rica que existe em você*,[2] este livro é o alicerce disso tudo. É a raiz que permite que você floresça mesmo durante as maiores tempestades, garantindo que não apenas conquiste seu brilho e sua riqueza, mas os mantenha. Afinal, você se tornou inquebrável.

Nassim Nicholas Taleb, em seu livro *Antifrágil*,[3] nos ensina que "algumas coisas se beneficiam dos choques; prosperam e crescem quando expostas à volatilidade, ao acaso, à desordem e ao estresse". Eu vivi isso na pele.

---

1 GAMA, K. **Desperte a mulher brilhante que existe em você:** conquiste sua independência emocional e financeira por meio de ferramentas poderosas e inovadoras. São Paulo: Gente, 2021.

2 GAMA, K. **Desperte a mulher rica que existe em você:** o segredo da mulher que trouxe prosperidade e riqueza para mais de 37 mil mulheres. São Paulo: Gente, 2023.

3 TALEB, N. N. **Antifrágil:** coisas que se beneficiam com o caos. Rio de Janeiro: Objetiva, 2020.

Posso comparar isso a um osso que, depois de quebrar e ser curado, se torna mais forte no ponto da fratura. Ou em um músculo que, ao ser desafiado e "rompido" no treino, se reconstrói maior e mais potente. Assim é a antifragilidade da alma. Não tem a ver com evitar a dor, mas permitir que ela nos remodele para algo superior, uma força que jamais alcançaríamos na zona de conforto.

Este livro é para ser vivido, não apenas lido. É um convite a uma jornada de autodescoberta e reconstrução interna. Prepare-se para desconstruir antigas verdades e construir uma nova realidade, tijolo por tijolo, pensamento por pensamento.

Você verá que ser inabalável não significa nunca se curvar. Significa aprender a se erguer ainda maior, com uma força interna, que nada nem ninguém são capazes de abalar.

O desafio da leitura: sua jornada de compromisso

Este livro é uma jornada e, como tal, exige compromisso. Quero lhe propor algo: um símbolo de decisão, um pacto com a mulher inabalável que você está prestes a se tornar.

Nas próximas páginas, você vai aprender a:

- ✦ Identificar os modelos mentais familiares que lhe aprisionam.
- ✦ Enxergar as feridas emocionais que moldam suas escolhas.
- ✦ Silenciar os sabotadores que limitam sua vida.
- ✦ Reprogramar corpo, mente e espírito com práticas reais.
- ✦ Acessar sua força espiritual e a paternidade de Deus.
- ✦ Assumir arquétipos femininos que fortalecem sua identidade.
- ✦ Viver como mulher antifrágil: aquela que não apenas resiste, mas que cresce com as tempestades.

Além disso, ao final de cada capítulo, você encontrará exercícios práticos, reflexões e um breve desafio para os três dias seguintes. No capítulo final, reuniremos tudo em um plano de trinta dias para se tornar inabalável, combinado?

Vamos então ao nosso compromisso!

Exercício prático

Pegue uma pulseira e a coloque em seu punho agora. Ela será o sinal de que você decidiu ir até o fim desta leitura e cumprir as tarefas que faremos juntas.

Então, crie um "mural inabalável": separe uma folha ou um quadro onde você anotará as suas vitórias ao longo da leitura. Depois, escreva em seu mural de maneira clara e em letra firme: "Eu me comprometo a ser inabalável. Em trinta dias, estarei mais forte, mais confiante e mais próxima da vida que mereço ter. Cada capítulo deste livro será uma semente que eu vou regar com as minhas ações".

Durante a leitura deste livro, repita essa afirmação em voz alta, em frente ao espelho, gravando-a em sua mente e em seu coração. Faça isso duas vezes ao dia: uma pela manhã e outra antes de dormir.

Entenda: a mulher inabalável se constrói um pensamento de cada vez, uma palavra de cada vez, uma decisão de cada vez. E a sua decisão começa agora.

Ser inabalável não significa nunca se curvar. Significa aprender a se erguer ainda maior, com uma força que vem de dentro e que nada, nem ninguém, pode abalar.

Seja forte, corajosa, invencível, imbatível

@keniagama

CAPÍTULO 1

QUEBRANDO CORRENTES INVISÍVEIS

Não são as correntes de ferro as mais pesadas. São as invisíveis. Frases repetidas até se tornarem verdades absolutas. Silêncios que moldam identidades. Olhares de reprovação que se fixam no coração da criança e continuam vivos na mulher adulta. Na minha infância, aprendi cedo que precisava "ser mais" para ser aceita. Adiantada dois anos na escola, alvo de bullying por ser magrinha, eu me esforcei para caber nos grupos. Fazia os trabalhos dos colegas, passava cola, aceitava humilhações. Era como se só tivesse valor se fosse útil. Essa foi uma das minhas primeiras correntes invisíveis: a de que amor e aceitação precisam ser conquistados.

Mais tarde, percebi que essa corrente também tinha origem dentro de casa. Meu avô morreu quando meu pai ainda era adolescente. Então, desde jovem, ele precisou ser o pilar da casa, terminando de criar os irmãos e sustentando a família. Forjado na dor, adquiriu muitas camadas de proteção. Cresceu como um homem de presença material: trabalhador, provedor, responsável, mas emocionalmente distante. Não me lembro de abraços longos da parte dele ou de conversas profundas entre nós. Ele era comedido tanto no silêncio quanto no modo de amar.

Então, sem perceber, cresci acreditando que precisava provar o meu valor para merecer afeto. Essa herança me acompanhou. Busquei homens parecidos com o meu pai: presentes fisicamente, mas ausentes emocionalmente. Eu repetia a história da menina que queria ser vista pelo papai. Repetia porque ainda carregava as correntes invisíveis da infância.

Em contrapartida, minha mãe sempre foi uma mulher forte e carinhosa, devota à família e ao seu propósito.

Então, qual seria meu destino? Replicar meus heróis, meus pais. E, durante muitos anos, meu comportamento de fato era repetir padrões emocionais. No entanto, depois de passar por algumas situações, entendi que não repito os padrões, eu os aprimoro. Meus pais me deram tudo que podiam, e eu tenho como obrigação ser alguém melhor do que eles, uma vez que, material e emocionalmente, eles precisaram vencer suas próprias dores para me dar mais amor do que eles mesmos receberam.

E você? Quais padrões repete de modo inconsciente, devido à sua lealdade familiar, formação emocional, infância?

A água que quase me levou

Estava com seis anos quando entrei em um rio com uma prima. Brincávamos e ríamos, até que, de repente, a correnteza nos levou. A água ficou funda, e eu não tinha forças para lutar contra ela. Eu morreria afogada se não fosse por um pescador local que nos salvou. Ao sair da água, ainda em choque, ouvi alguém dizer: "Ela é muito franzina, a água quase a levou".

Essa frase me marcou. O subconsciente registrou: "Ser frágil é perigoso. Ser magrinha é arriscado. Para sobreviver, eu preciso ser mais forte, ter mais corpo", e ele não esquece. Mais tarde, depois de passar por uma fase difícil da vida e precisar "ser forte", o gatilho adormecido foi disparado. Durante dez anos, lutei contra resistência insulínica e pré-diabetes que me impediram de emagrecer. Meu corpo acreditava que emagrecer significava voltar a ser frágil, que, por sua vez, significava estar em risco.

Percebe como esse episódio é um exemplo claro de como traumas de infância se transformam em correntes invisíveis? O corpo obedece ao subconsciente, criando barreiras físicas para manter o que ele acredita ser essencial para a sobrevivência.

Os exames, os remédios, as dietas e os exercícios não conseguiam curar o que era psicossomático. Apenas depois de sessões de hipnoterapia, para entender o evento causador inicial e "salvar" aquela criança, protegendo-a e ressignificando o ocorrido, pude resolver esse problema de vez.

Teoria do Apego: como nascem as correntes

John Bowlby, em sua Teoria do Apego,[4] mostrou que o modo como amamos e confiamos são moldados com base nas primeiras interações com nossos cuidadores.

- Se recebemos atenção, afeto e segurança, desenvolvemos apego seguro: acreditamos que somos dignas de amor e que o outro é confiável.
- Se o amor vem de maneira intermitente, aprendemos o apego ansioso: buscamos constantemente provas de que não seremos abandonadas.
- Se o amor é frio, distante ou rejeitador, desenvolvemos o apego evitativo: aprendemos a não precisar, a não sentir, a nos afastar para não sofrer.
- Quando há mistura de afeto e rejeição, nasce o apego desorganizado ou ambivalente: desejo e medo coexistem, criando relações caóticas.

Esses padrões de apego não se limitam a relacionamentos amorosos, estendendo-se à relação com o trabalho, com o dinheiro e até com a própria imagem. Uma mulher com apego ansioso, por exemplo, pode buscar validação constante no trabalho, aceitando sobrecarga para se sentir "indispensável". Uma com apego evitativo pode ter dificuldade em delegar ou em se abrir a parcerias financeiras, preferindo, em vez disso, o controle solitário.

A seguir, apresento mais alguns exemplos reais do apego:

- Uma mulher de apego ansioso é aquela que precisa de mensagens constantes do parceiro para se sentir segura na relação. Se ele demora a responder, ela entra em desespero. No trabalho, ela pode buscar validação constante dos superiores, mesmo que isso a sobrecarregue.
- A de apego evitativo é aquela que, mesmo amando, se sente sufocada quando alguém se aproxima demais. Prefere criar barreiras,

4 BOWLBY, J. **Uma base segura**: aplicações clínicas da Teoria do Apego. Porto Alegre: Artmed, 2024.

evita conversas profundas. Na vida financeira, pode ter dificuldade em pedir ajuda ou em formar parcerias, porque fica mais confortável ao fazer tudo sozinha.

- A de apego desorganizado pode terminar relações de maneira abrupta porque "ama demais" e, ao mesmo tempo, não suporta a vulnerabilidade que isso exige. No empreendedorismo, pode iniciar projetos com entusiasmo e abandoná-los de repente, por medo do sucesso (sim, isso existe e é comum) ou do fracasso.

No meu caso, o padrão foi claro: como filha de um pai evitativo, desenvolvi apego ansioso. Eu queria proximidade, buscava provas de amor, aceitava pouco para não perder tudo. Essa corrente invisível atravessou meus relacionamentos, até que entendi: não era sobre o homem à minha frente (a quem amo muito e sei que o sentimento é recíproco), era sobre a criança dentro de mim.

Como filha de uma mãe afetuosa, eu reconhecia o toque e a validação como algo bom, contudo, via minha mãe dar mais do que receber e como esse comportamento às vezes a fazia sofrer. Então, ela não chegava a ser evitativa, mas ora me afastava, sendo também, em alguns momentos, ambivalente para me proteger.

E, no meio disso tudo, quando alguém "muito bom" para ser verdade se aproximava, minha mente não reconhecia a calmaria, somente a montanha-russa (de um lado ótimo, de outro distante). E eu não conseguia retribuir na mesma intensidade, pois não considerava como amor aquela maneira recíproca e saudável de relacionamento.

Sim, é um assunto com muitas camadas. E é fundamental que eu lhe mostre como árvores fortes às vezes escondem raízes rasas ou doentes.

As crenças que nos aprisionam

As correntes não se resumem ao amor. Elas se escondem em todas as áreas da vida.

Primeiro, há as crenças sobre si mesma: "não sou suficiente", "meu corpo não é bonito", "não tenho nada de especial". O resultado? Mulheres que se anulam, que se comparam, que nunca se sentem prontas para avançar.

As correntes mais pesadas são invisíveis – feitas de crenças, medos e histórias que contamos a nós mesmas.

Seja forte, corajosa, invencível, imbatível

@keniagama

Essas são as correntes que sufocam o brilho que você nasceu para ter, o brilho que explorei em *Desperte a mulher brilhante que existe em você.*

Aí, vêm as crenças sobre amor: "todo homem abandona", "preciso sofrer para ser amada", "se eu brilhar demais, vou ser deixada". Quando vê, já está imersa em relacionamentos de dependência emocional, tolerância a abusos, repetição de padrões.

Depois, crenças sobre sucesso: "mulher bem-sucedida não tem casamento feliz", "dinheiro traz sofrimento", "se eu tiver muito, vou perder algo em troca". Desses pensamentos, surgem mulheres que sabotam suas carreiras, aceitam menos do que merecem, param antes do sucesso pleno, acreditam que o dinheiro as tornaria pessoas ruins. Essas são as correntes que impedem que você busque prosperidade (e que aprofundo em *Desperte a mulher rica que existe em você*), e a mantêm presa à escassez.

As crenças sobre espiritualidade são umas das mais fortes. Como exemplo, temos: "Deus castiga", "não sou digna da bênção", "preciso sofrer para merecer". Tudo isso cria mulheres que não se sentem filhas, apenas servas; vivem na culpa, nunca na graça. Não se sentem merecedoras de conquistas, de amor incondicional, de cuidado divino ou de plenitude.

E, por fim, há as crenças que mais se sobressaem, aquelas sobre dinheiro: "quem nasce pobre, morre pobre", "dinheiro não traz felicidade", "melhor ter pouco, mas honrado". Essas não são apenas crenças individuais, mas o resultado de um senso comum que gera mulheres que trabalham muito, mas nunca se permitem prosperar. Essas são as correntes mais fortes que amarram a mulher rica que existe em você, impedindo-a de manifestar a abundância.

Todos esses pensamentos limitam a mulher de ousar sonhar e, consequentemente, de executar.

A fidelidade familiar da escassez

Existe um fenômeno chamado fidelidade familiar. É como se disséssemos inconscientemente: "Se minha família sempre viveu na escassez, eu não tenho o direito de prosperar". É uma lealdade invisível que nos prende ao mesmo padrão dos nossos pais e avós. Mesmo quando temos oportunidades de crescer, sentimos culpa, como se estivéssemos "traindo" nossa origem.

Essa fidelidade familiar da escassez leva muitas mulheres a aceitarem o pouco, mesmo quando o muito está disponível. Semelhante à murmuração do povo do deserto: "prefiro voltar para o Egito, onde tinha o mínimo, do que arriscar o novo que Deus prometeu". Em *Desperte a mulher rica*, falamos sobre a importância de quebrar o ciclo da pobreza. Aqui, entendemos que essa ruptura começa na lealdade inconsciente que nos impede de sequer desejar mais. Isso não é lealdade à sua família, é uma injustiça com o seu "eu" que merece viver tudo aquilo que seu coração sonha e que Deus deseja para a sua vida. Ele não a criou para ser pequena e se contentar com o pouco. Ele colocou graça, misericórdia, abundância e plenitude dentro de cada um de nós, e nos deu o poder de acessar essas bênçãos.

Ser inabalável é justamente ter coragem de romper com essas lealdades inconscientes. Você honra sua família ao mostrar que é possível viver a abundância e abrir caminho para as próximas gerações, não ao repetir a escassez.

O povo do deserto e as correntes da mente

Lemos na Bíblia que o povo de Israel foi libertado do Egito após anos de escravidão. Deus havia prometido uma terra fértil, a Terra Prometida, onde haveria abundância. Mas, no caminho, diante das dificuldades, o povo murmurava: "Era melhor termos ficado no Egito, onde tínhamos ao menos o pouco".

Eles preferiam voltar ao pouco conhecido a acreditar no muito que Deus preparara. E, por isso, a caminhada, que poderia ser curta, durou quarenta anos. Não porque Deus não tinha pressa em cumprir a promessa, mas porque o povo não estava pronto para romper as correntes internas. Assim também somos nós. Muitas vezes, permanecemos aprisionadas porque não conseguimos nos enxergar sem as correntes. Temos medo do novo. Preferimos o pouco conhecido ao muito que nos espera. Se você ainda não consegue se imaginar vivendo sem correntes, observe a vida e as conquistas daqueles que vivem sem amarras. Veja nessas pessoas a prova viva de que é possível. Profetize: "Se aconteceu com eles, também acontecerá comigo!".

Jung e os padrões inconscientes

O psiquiatra e psicoterapeuta Carl Jung dizia que grande parte do que vivemos não é resultado apenas das nossas escolhas conscientes, mas do que carregamos no inconsciente coletivo e no inconsciente familiar. Segundo ele: "Até você se tornar consciente, o inconsciente irá dirigir a sua vida e você o chamará de destino".[5]

Essa frase é um reflexo direto das correntes invisíveis. Enquanto não percebemos as crenças e os padrões herdados, acreditamos que "a vida é assim mesmo", que "as coisas sempre terminam igual", que "é o destino". Mas não é destino. São correntes invisíveis repetindo histórias antigas.

Quando entendi isso, percebi que não era por acaso que havia indisponibilidade emocional nos meus relacionamentos. Era o inconsciente tentando repetir a história da filha que queria, a qualquer custo, ser reconhecida pelo pai, indisponível. Enquanto não se torna consciente, o padrão é repetido. Quando trazemos à luz, a corrente é rompida. Essa consciência é o primeiro passo para a neuroplasticidade, a capacidade do seu cérebro de criar novas trilhas neurais e reescrever sua história.

O subconsciente em outras áreas

Jung também nos lembra de que o inconsciente fala por meio de símbolos e arquétipos. O que ouvimos e vivemos se transforma em imagens internas que moldam nossa identidade.

Na infância, eu era chamada de magrela. O subconsciente registrou: ser magra é ser fraca, e desenvolveu uma compulsão alimentar para "ficar forte". Foi o padrão do subconsciente para o corpo.

Sempre ouvi frases como "dinheiro não traz felicidade", que levaram meu subconsciente associar prosperidade a culpa. Não à toa, quebrei financeiramente algumas vezes. Veio daí o meu padrão para dinheiro.

Cresci acreditando que só teria valor, em qualquer área, se fosse a melhor. Resultado: hiper-realização, estresse, noites sem dormir, culpa

---

5 JUNG, C. G.O **homem e seus símbolos.** Rio de Janeiro: HarperCollins, 2016.

A ferida que mais doeu foi a que me ensinou a me amar.

Seja forte, corajosa, invencível, imbatível

@keniagama

constante, que afetaram minha saúde, meus relacionamentos, minha espiritualidade e minha autoestima.

Meu subconsciente associou felicidade a culpa devido à ideia de que "Deus castiga". Isso me gerou inúmeros questionamentos sobre merecimento da alegria e da abundância.

Entende como essas programações inconscientes formam correntes que precisam ser identificadas para serem quebradas?

Aqui também entra um conceito que aprofundaremos adiante (e aprenderemos a desarmar): os sabotadores, definidos por Shirzad Chamine, o proeminente conselheiro executivo, em sua obra sobre inteligência positiva. Sabotadores são vozes internas, programações mentais que parecem querer nos proteger, mas que, na verdade, nos limitam. Eles nascem de traumas, de crenças e de registros subconscientes. Como correntes invisíveis, nos prendem a uma forma de viver que não corresponde ao que realmente somos: "Os sabotadores são como ladrões internos que roubam nossa paz e nosso potencial, disfarçados de aliados".[6]

No meu caso, a experiência da escola alimentou o sabotador da hiper-realizadora: eu precisava sempre ser mais, fazer mais, provar mais... A de quase afogamento no rio ativou o controlador: a sensação de que, se eu não tivesse domínio absoluto, correria perigo. Isso não se limitou àquela situação, me acompanhou por boa parte da vida.

Metáfora da árvore aprisionada

Pense em uma árvore jovem, cheia de potencial, mas cujas raízes foram envolvidas em correntes de ferro. Ela até tenta crescer, mas, sempre que a raiz busca profundidade, encontra o ferro. Suas folhas são pequenas; os frutos, escassos; sua sombra não abriga ninguém. As outras árvores olham e pensam: *Ela é assim, nasceu fraca, nunca será grande.* A verdade, porém, é que ela não nasceu fraca. Ela nasceu aprisionada. E quando, finalmente, as correntes se rompem, aquela árvore cresce além de todas as outras. Não porque era privilegiada, mas porque sobreviveu ao peso das amarras.

---

6 CHAMINE, S. **Inteligência positiva.** Rio de Janeiro: Objetiva, 2013.

Assim somos nós. Quando rompemos as correntes invisíveis do subconsciente, nosso crescimento é exponencial. É como se, enfim, o brilho, antes ofuscado, passasse a irradiar, e a riqueza, antes inalcançável, a florescer.

Exercício prático

A árvore das crenças e símbolos

Comece desenhando uma árvore com correntes em volta das raízes em uma folha. Dentro de cada elo da corrente, escreva uma crença limitante em diferentes áreas da sua vida (corpo, amor, dinheiro, sucesso, espiritualidade). Ao lado, desenhe a mesma árvore com as correntes rompidas e reescreva cada crença em modo positivo, criando um símbolo para representá-la.

- Exemplo:
  - Corrente: "sou fraca" → Corrente rompida: "sou forte em essência" → Símbolo: uma chama.
  - Corrente: "Deus castiga" → Corrente rompida: "Deus ama e sustenta" → Símbolo: um sol.

Desafio para os próximos três dias

- **Dia 1:** Liste dez crenças limitantes em áreas diferentes (corpo, amor, dinheiro, sucesso, espiritualidade).
- **Dia 2:** Para cada crença listada, escreva de onde ela veio e como influenciou sua vida até hoje.
- **Dia 3:** Reescreva todas as crenças em sua versão positiva, crie símbolos para cada uma e cole-as no seu mural inabalável.

CAPÍTULO 2

FERIDAS QUE NOS MOLDAM

Todos nós carregamos marcas de nossa infância. Algumas são visíveis, outras, não, mas ambas moldam a forma como vemos a nós mesmas e o mundo. Essas marcas são chamadas de feridas emocionais. São como lentes coloridas que colocamos na infância e, sem perceber, continuamos usando na vida adulta. Assim, não são apenas memórias distantes; são programas silenciosos que se instalam em nosso subconsciente, influenciando nossas reações, escolhas e até mesmo como percebemos nosso próprio valor e nossa capacidade de brilhar e prosperar. Elas distorcem a realidade e nos impedem de ver o mundo e a nós mesmas com clareza.

Lise Bourbeau, em seu livro *As cinco feridas emocionais*,[7] desvenda os véus dessas lentes e apresenta cinco feridas principais que, quando não curadas, nos aprisionam em padrões repetitivos: abandono; rejeição; humilhação; injustiça; e traição. Elas podem ser a raiz de muitos bloqueios que impedem você de acender seu brilho e de acessar a mulher inabalável que existe em você.

A ferida do abandono em minha jornada: a busca por paternidade

Minha principal ferida foi a do abandono. Meu pai era fisicamente presente. Trabalhava, sustentava a família, provia. Mas, emocionalmente, era distante, evitativo, silencioso. Era um homem de poucas palavras, de afeto contido. Esse silêncio ensinava, sem aula, que amor era algo a ser adivinhado, ou pior, algo que eu precisava conquistar. Na época, não percebia, mas, dentro

---

7 BOURBEAU, L. **As cinco feridas emocionais:** como superar os sentimentos que impedem a sua felicidade. Rio de Janeiro: Sextante, 2020.

de mim, cresceu a sensação de que eu não era escolhida, e precisava fazer sempre mais para ser notada, para merecer aquele afeto.

Essa ferida me acompanhou por anos e se transformou em um padrão. No ambiente profissional, por exemplo, ela se manifestava na dificuldade de delegar, no medo de não ser indispensável, na necessidade insaciável de controlar cada detalhe para não ser "abandonada" pelo resultado ou pela equipe.

A cura dessa ferida só veio quando encontrei em Deus a paternidade perfeita. Um Pai que não abandona, não se cala, não se ausenta. Um Pai presente, protetor, incondicional. Essa conexão me deu a base segura que eu nunca tive – e que, até então, nem sabia que precisava. E não se engane, minha relação com Deus sempre foi próxima e profunda, mas como Senhor, Criador, justo e todos os infinitos atributos. No entanto, eu não havia buscado e experimentado a paternidade profunda dEle.

Outras feridas em mim e suas manifestações profundas

A ferida da rejeição começou na infância, quando eu sofria bullying por ser magrinha e adiantada na escola. A rejeição ensina a criança a tentar se esconder ou se adequar para caber. Na vida adulta, essa ferida se manifestava como um medo paralisante de me expor, de apresentar ideias inovadoras, de buscar promoções ou de investir em um negócio próprio, por acreditar que não seria aceita ou que meu esforço seria rejeitado pelo mercado. Por mais que eu me esforçasse, uma voz interna sussurrava: "Você não é boa o suficiente para isso". Isso não apenas impedia o florescimento da mulher brilhante, mas também bloqueava o acesso à mulher rica, pois o medo do "não" era maior que o desejo do "sim".

A humilhação, muitas vezes, se misturou à rejeição. Ao aceitar pequenas humilhações para pertencer, aprendi que o meu valor estava no que eu oferecia, não em quem eu era. Essa ferida me levou a aceitar menos do que merecia em relacionamentos e no trabalho, a não negociar salários ou condições, e a me sentir envergonhada de minhas conquistas, como se eu devesse esconder ou minimizar o meu sucesso para não humilhar quem não tivesse alcançado conquistas semelhantes às minhas. A voz interna dizia: "Não se destaque demais, para não ser alvo de críticas ou de inveja".

Mais tarde, nos negócios e na vida adulta, senti o peso de dar muito mais do que recebia. Me senti injustiçada. Relato em detalhes no livro *Desperte a mulher rica que existe em você* como houve noites em que precisei dormir na empresa porque não tinha dinheiro sequer para voltar de ônibus para casa nem para alimentar meus filhos. Essa experiência me marcou profundamente, não apenas pela escassez financeira, mas pela sensação de injustiça: eu dava tudo de mim, mas ainda assim parecia pouco. Essa ferida gerou uma revolta interna que, por vezes, me impedia de receber a abundância, de me sentir merecedora da riqueza, ou de confiar que o universo retribuiria meus esforços de maneira justa. Era a crença de que "O mundo é injusto, então por qual motivo eu devo me esforçar tanto?".

A ferida que mais me doeu, porém, foi a da traição. Embora nem sempre explícita, ela se apresentou em pessoas que prometiam apoio e sumiam, em amizades que se quebraram, em relações nas quais confiança se tornou desconfiança. Essa ferida me levou a construir muros de proteção, me impediu de me abrir a novas parcerias, investimentos ou relacionamentos que poderiam impulsionar meu crescimento pessoal e financeiro. O medo de ser "passada para trás" limitava minha capacidade de confiar e de expandir.

Cada uma dessas feridas abriu uma cicatriz que moldou meu comportamento, mas não só isso: elas também foram professoras ao revelarem os caminhos para a cura e a verdadeira força.

As máscaras que usamos: defesas contra a dor

Lise Bourbeau também nos ensina que, para nos protegermos dessas feridas, criamos "máscaras" – comportamentos e personas que adotamos de modo inconsciente para evitar sentir a dor original. Essas máscaras, embora nos deem uma falsa sensação de segurança, nos impedem de ser autênticas e de viver em plenitude. Vamos estudá-las brevemente para que você entenda como elas nos afetam:

- ✦ Máscara da dependente (ferida do abandono): busca atenção e apoio constante, tem dificuldade em tomar decisões sozinha e em se sentir completa sem o outro.
- ✦ Máscara da fugitiva (ferida da rejeição): evita situações em que possa ser rejeitada, se isola, tem baixa autoestima e se sente invisível.
- ✦ Máscara da masoquista (ferida da humilhação): tende a se humilhar, a se sobrecarregar, a sentir culpa e a buscar o sofrimento para evitar a dor de ser humilhada pelos outros.
- ✦ Máscara da rígida (ferida da injustiça): busca a perfeição, é controladora, crítica, tem dificuldade em relaxar e em aceitar imperfeições (suas e dos outros).
- ✦ Máscara da controladora (ferida da traição): tenta controlar tudo e todos ao seu redor, tem dificuldade em confiar, é impaciente e pode manipular para conseguir o que quer.

Eu mesma usei várias dessas máscaras. Reconhecer a máscara é o primeiro passo para tirá-la e revelar a mulher inabalável que existe por baixo.

Exemplos cotidianos das feridas e seus antídotos

Como vimos, muitas dessas feridas se originam em nossa infância. E, por isso, ficam retidas na conhecida criança interior – a parte de nós que guarda as memórias, as emoções e as percepções da infância. Quando uma criança é ferida, ela não é capaz de processar a dor como um adulto. Ela internaliza a experiência e cria mecanismos de defesa que a acompanham para a vida adulta.

Segundo Jung, “não nos tornamos iluminados imaginando figuras de luz, mas tornando conscientes das trevas”.[8] As feridas são essas trevas que precisam ser vistas. Enquanto estão escondidas, comandam nossa vida. Quando trazidas à consciência, têm a oportunidade de se tornar ponto de cura. O ato de identificar a ferida já é o primeiro passo para desativar seu poder, pois a consciência é a luz que revela a ilusão do medo. Por isso, é tão importante analisarmos cada uma em mais detalhes, como faremos a seguir.

---

8 JUNG, C. G. *op. cit.*

Não se cura
o que se esconde;
cura é luz acesa
sobre a dor.

Seja forte, corajosa,
invencível, imbatível
@keniagama

O abandono: o medo de ficar só

O abandono se manifesta como um frio na espinha diante da possibilidade de estar só. Ele se esconde atrás do apego excessivo ao parceiro, da ansiedade que cresce quando uma mensagem demora a chegar, ou da aceitação de migalhas de atenção, como se fossem banquetes. No trabalho, veste a máscara da indispensabilidade: aquela necessidade de ser sempre útil, de aceitar sobrecargas para não ser esquecida ou deixada de lado em projetos importantes. O medo de desaparecer aos olhos do outro faz com que, muitas vezes, a pessoa se torne refém de sua própria necessidade de ser vista.

Os mecanismos de defesa surgem como dependência emocional, carência, medo de se posicionar e uma dificuldade quase crônica de dizer "não", apenas para não desagradar. Já a cura começa no fortalecimento da presença interior. Aprender a se acolher, a desenvolver um apego seguro consigo mesma, é como construir um lar dentro de si. Descobrir Deus como Pai presente, buscar essa conexão inabalável que preenche qualquer vazio, é um passo inegociável. Praticar a autoafirmação e conquistar a independência emocional é o caminho para, enfim, se sentir inteira.

A rejeição: o medo de não pertencer

A rejeição é aquela vozinha que diz: "Você não é boa o suficiente". Ela aparece no medo de falar em público, no impulso de se esconder em grupos, na sabotagem de oportunidades por receio de não ser aceita. No universo financeiro, ela se revela no receio de cobrar o valor justo pelo próprio trabalho, de negociar contratos importantes, de se expor no mercado com um novo produto ou serviço, sempre com a crença de que será rejeitada.

Para se proteger, a pessoa se isola, alimenta uma baixa autoestima, busca a perfeição para não ser criticada e se cobra além do limite, pois nada nunca é o suficiente. O caminho de cura passa pela autoaceitação, pelo cuidado com o corpo como um templo, pelas afirmações positivas sobre o valor-próprio e pelo desenvolvimento de competências que reforcem sua capacidade.

A humilhação: o peso da vergonha

A humilhação é uma camisa de força. Ela se apresenta na dificuldade de se impor, na aceitação de piadas ou comentários desrespeitosos, na vergonha do próprio corpo ou de suas origens. No trabalho, leva a aceitar condições desfavoráveis, a não se posicionar diante de injustiças, a se sentir pequena diante de figuras de autoridade, sempre com medo de ser ridicularizada.

Os mecanismos de defesa são a autodepreciação, a submissão, a compensação com excesso de ajuda ao outro (por mais desgastante que isso se torne) e a busca incessante por aprovação externa. A cura exige estabelecer limites claros e inegociáveis, reconhecer a própria dignidade e valor. Aprender a dizer "não" com firmeza e amor é proteger a própria energia e espaço, é um ato de respeito consigo mesma.

A injustiça: o fardo do desequilíbrio

A injustiça se manifesta como uma sensação constante de que é preciso dar sempre mais, uma revolta quando algo não sai perfeito, uma dificuldade em lidar com os próprios erros ou os dos outros. No campo financeiro, pode surgir como a crença de que "o mundo é injusto e nunca vou prosperar", e se torna um convite à passividade, à raiva que bloqueia o fluxo da abundância, ou a uma busca exaustiva por controle.

A defesa se arma com rigidez, frieza emocional, autoexigência extrema e dificuldade em perdoar. Sem falar, é claro, da hipervigilância, um estado de atenção constante e exaustivo. O caminho de cura está em cultivar a fé e entender que a abundância é um direito. Declarar e agir como quem já vive a abundância, confiando que o bem retorna, é um exercício diário de esperança.

A traição: o medo de confiar

A traição é a cicatriz que impede a entrega. Ela está presente na dificuldade em confiar, no ciúme excessivo, no hábito de testar as pessoas para ver se são leais, no medo de se entregar em relacionamentos ou parcerias. No empreendedorismo, pode impedir a formação de alianças estratégicas ou a delegação de tarefas, limitar o crescimento e a expansão.

O controle excessivo, a desconfiança, o isolamento e a autossuficiência exagerada são as armaduras que tentam proteger o coração ferido pela traição. A cura está em estabelecer limites saudáveis e alinhar-se com valores inegociáveis, reconstruindo a confiança gradualmente. Ter clareza sobre o que é fundamental e não abrir mão disso é o alicerce para relações verdadeiras. E, acima de tudo, abrir mão do controle.

Essas feridas, embora dolorosas, são também convites para um reencontro consigo mesma. O caminho da cura não é linear nem curto, muito menos fácil, mas é transformador e necessário para a construção de uma vida mais autêntica, plena e livre.

Histórias de superação: da ferida à força e à abundância

Em *Desperte a mulher rica que existe em você*, compartilho a história de uma aluna que cresceu ouvindo que era feia. Isso gerou nela a ferida da rejeição, que a fazia se esconder e não acreditar no próprio potencial. Essa ferida não a impedia apenas de se sentir bonita; bloqueava a minha aluna financeiramente, pois o medo da rejeição a fazia evitar vendas, negociações e qualquer exposição que pudesse levar a um "não". Quando ela começou a trabalhar a autoestima –, cuidando do corpo, repetindo afirmações positivas, desenvolvendo competências – não só mudou o modo como se enxergava, mas também os resultados financeiros começaram a florescer, provando que a cura de uma ferida pode destravar todas as áreas da vida.

Outra aluna, que chamarei de Sofia, convivia com a ferida da injustiça. Desde cedo, sentia que, por mais que se esforçasse, nunca era reconhecida. No trabalho, entregava o dobro, mas via colegas menos dedicados serem promovidos, gerando nela uma profunda descrença na meritocracia e um bloqueio para receber. Sofia acreditava que era inútil se esforçar, e que o mundo é injusto mesmo. Essa crença a impedia de cobrar o valor justo por seus serviços como consultora e de buscar clientes de alto nível. Ao trabalhar a ferida da injustiça, ela começou a entender que o valor dela não dependia do reconhecimento externo, mas de sua própria percepção. Ela aprendeu a se posicionar, a negociar e a confiar que seus esforços seriam recompensados. Em poucos meses, seu faturamento dobrou e ela começou a atrair clientes que valorizavam seu trabalho. A cura da injustiça abriu as portas para a abundância em sua vida.

Essas histórias comprovam que as feridas não são sentenças finais. A cura é uma questão de transformação do modo como se vê a realidade. E é nesse contexto que o cérebro entra em ação.

A neurobiologia da ferida e da cura

A ciência contemporânea, por meio da neurobiologia, nos mostra que as feridas emocionais não são apenas "invenções" da nossa cabeça. Elas deixam marcas físicas reais e palpáveis em nosso cérebro. Traumas e dores persistentes podem alterar a maneira como nosso cérebro funciona, sobretudo em áreas como a amígdala (centro do medo) e o córtex pré-frontal (responsável pela razão e tomada de decisões). Isso significa que, quando uma ferida é ativada, nosso cérebro pode reagir de modo exagerado, como se estivesse revivendo o trauma original, ainda que a ameaça real seja mínima.

A boa notícia é que o cérebro é plástico (neuroplasticidade). Assim como as feridas criaram e fortaleceram certas vias neurais, a cura e a reprogramação podem criar novas. Cada vez que você identifica uma ferida, pratica um antídoto, ou acolhe sua criança interior, você está reescrevendo as conexões neurais, para enfraquecer as trilhas da dor e fortalecer as da cura e da resiliência. É um processo ativo de reconstrução que torna você inabalável.

Metáfora da semente e da terra imprópria: o poder da transformação

Certa vez, um semeador lançou uma semente plantada em terra rachada. A semente até germinou, mas encontrou resistência, como pedras e falta de nutrientes. Ela cresceu torta, frágil, buscando brechas. Outra semente foi plantada junto a plantas espinhentas e ervas daninhas. Essas plantas impediram que ela recebesse sol, água e nutrientes necessários para seu pleno desenvolvimento. Assim como essas sementes, são as nossas vidas quando crescemos sobre feridas. Nós até florescemos, mas carregamos marcas do solo no qual fomos plantadas. Crescemos doentes e sem os nutrientes emocionais para rompermos além do ambiente em que fomos inseridos.

No entanto, quando reconhecemos o terreno, podemos cuidar da terra, remover as pedras, adubar o solo. E a mesma semente que parecia frágil pode se transformar em uma árvore frondosa, com raízes profundas e frutos abundantes. Essa árvore não apenas se sustenta, mas também nutre o solo ao seu redor, levando outras sementes a prosperarem e o ecossistema a florescer.

A cura das nossas feridas não é um ato egoísta; é um ato de generosidade que impacta o entorno, que libera seu brilho e sua capacidade de gerar riqueza no mundo.

Exercício prático

Mapeamento de feridas e antídotos

Desenhe um corpo humano em uma folha. Em cada parte do corpo, escreva uma ferida que você sente carregar (abandono, rejeição, humilhação, injustiça, traição). Por exemplo:

- No coração → abandono.
- Na boca → humilhação pelas palavras que ouvi.
- Nos olhos → rejeição por não ser vista.

Ao lado de cada ferida, escreva de onde veio essa ferida (pai, mãe, escola, relacionamentos) e como ela impacta sua vida hoje. Escreva também o antídoto de cura para cada ferida, como a seguir:

- Abandono → Deus como Pai presente.
- Rejeição → autoestima: cuidar do corpo, afirmações, desenvolvimento.
- Injustiça → fé e manifestação da realidade.
- Humilhação → limites claros.
- Traição → valores inegociáveis.

Desafio para os próximos três dias

- **Dia 1:** Identifique qual é a sua ferida principal.
- **Dia 2:** Escreva como essa ferida moldou suas escolhas até hoje.
- **Dia 3:** Escreva uma carta para si mesma criança, oferecendo o que faltou naquela época (amor, acolhimento, validação).

Não se deve resistir à tempestade, mas aprender a dançar com ela até o sol nascer.

Seja forte, corajosa, invencível, imbatível

@keniagama

CAPÍTULO 3

OS INIMIGOS INTERNOS

Em um vale profundo, acontecia uma batalha silenciosa e insidiosa. Não era contra gigantes externos, nem contra as tempestades que a vida, inevitavelmente, costuma apresentar. Era uma guerra travada dentro de cada um de nós, contra vozes que sussurram dúvidas, medos e limitações. Vozes tão íntimas que, por vezes, as confundimos com a nossa própria verdade. Elas parecem querer nos proteger, nos manter seguros, mas, na verdade, nos aprisionam, roubando nossa paz, nossa energia e, por fim, nosso potencial ilimitado. Esses são os sabotadores, os inimigos internos que habitam em nossa mente, vestindo a nossa própria face e falando a nossa própria língua.

Esses inimigos são perigosos justamente por sua camuflagem. Eles não se apresentam como vilões, mas como conselheiros, como a voz da prudência, da lógica, da experiência. Eles nos prometem segurança, nos alertam contra riscos, nos empurram para uma busca incessante por aprovação ou perfeição. Mas, por trás dessa fachada protetora, eles nos limitam e nos paralisam.

Segundo Shirzad Chamine, no já citado *Inteligência positiva*,[9] os sabotadores são padrões mentais arraigados, nascidos de experiências dolorosas, de feridas da infância e de crenças inconscientes. Eles se infiltram na nossa mente como um software malicioso, rodando em segundo plano, consumindo nossa bateria e nos impedindo de alcançar a plenitude.

Conheci de perto esses inimigos. Por muito tempo, eles ditaram o ritmo da minha vida, moldando minhas escolhas e me impedindo de enxergar o meu verdadeiro potencial. A voz do crítico, por exemplo, era uma constante em minha mente. Era como se, ao me autocriticar primeiro, eu pudesse

9 CHAMINE, S. *op. cit.*

evitar a dor da crítica externa, uma armadura pesada que, em vez de proteger, me sufocava. Essa busca incessante por um "ser mais" estava profundamente enraizada na ferida da rejeição que carregava, na qual o medo de não pertencer e de não ser aceita me levava a um ciclo exaustivo de autocrítica e busca por validação.

Essa mesma voz, alimentada pela ferida da rejeição e da humilhação, me impulsionou a ser uma hiper-realizadora. Eu trabalhava compulsivamente, buscando nos resultados a validação que o crítico me negava. Alcancei conquistas, sim, mas a que custo? Vivi o burnout, a compulsão alimentar, a pré-diabetes. Lembro-me de noites em que, exausta, me forçava a trabalhar mais uma hora, sentindo que, se parasse, não seria "boa o suficiente". Além de trabalhar doente e de não tirar férias. Foi assim que negligenciei o meu corpo e a minha paz, como se o descanso fosse um luxo ao qual eu não tinha direito. Era a ferida da injustiça me fazendo acreditar que o mundo só me daria o que eu merecia se eu me esforçasse além dos limites, e a hiper-realizadora garantia que eu nunca parasse de pagar esse preço.

O controlador, por sua vez, aparecia nos meus relacionamentos e nos negócios, tentando prever cada movimento, antecipar reações, calcular palavras. Tudo isso movido pelo medo silencioso de ser deixada para trás, uma manifestação da ferida do abandono e da traição. Eu acreditava que, se controlasse cada detalhe, não seria abandonada, não seria traída, não seria surpreendida pela dor. Mas não se pode controlar os outros, não se pode evitar as ações das pessoas ao nosso redor. No fundo, o desejo de controlar também me roubava a confiança, o prazer de receber espontaneamente, sem cobranças ou supervisão. Essa ilusão de segurança me mantinha em um estado constante de hipervigilância, drenando minha energia e minando a espontaneidade da vida.

E a voz da agradadora? Ah, essa surgiu na infância, quando eu aceitava fazer os trabalhos dos colegas ou passar "cola" na prova só para caber nos grupos. Era a ferida da humilhação e do abandono me fazendo acreditar que eu precisava dizer "sim" para ser aceita, mesmo quando meu coração gritava "não". Essas vozes pareciam me proteger. Mas, na prática, estavam me roubando de mim mesma, me impedindo de ser autêntica e de viver em plenitude.

Uma galeria de sabotadores

Para que você possa identificar esses inimigos, vamos detalhar os sabotadores mais comuns, conforme Shirzad Chamine. Cada um deles tem uma estratégia específica para nos manter presos, mas todos compartilham o mesmo objetivo: nos afastar do nosso potencial máximo.

O Crítico (*The Judge*): Este é o sabotador mestre, o mais universal, e afeta a todas nós. Sua voz é implacável, sempre encontrando falhas: em nós mesmas ("Você não é boa o suficiente", "Você cometeu um erro idiota"), nos outros ("Eles são tão incompetentes", "Nunca fazem nada direito") e nas circunstâncias ("Isso nunca vai dar certo", "A vida é injusta"). O Crítico nos mantém em um estado constante de insatisfação e ansiedade, buscando uma perfeição inatingível e nos impedindo de celebrar nossas vitórias. Ele se alimenta da ferida da rejeição, convencendo-nos de que, se formos perfeitas, seremos finalmente aceitas.

O Controlador (*The Controller*): Tem uma necessidade ansiosa de assumir o comando e controlar pessoas e situações. Acredita que, se não estiver no controle, tudo desmoronará. Tenta manipular, microgerenciar e ditar as regras, muitas vezes causando ressentimento e resistência nos outros. Sua motivação é o medo da perda, do caos, da vulnerabilidade. É a manifestação da ferida do abandono e da traição, tentando criar uma ilusão de segurança para que a pessoa não se sinta à mercê das ações alheias.

O Esforçado/Perfeccionista (*The Stickler*): Caracteriza-se por uma necessidade intensa de perfeição, ordem e organização. Busca a excelência em tudo, mas de maneira rígida e inflexível. Acredita que o valor próprio está intrinsecamente ligado à ausência de erros e à impecabilidade. Isso leva à procrastinação (por medo de não ser perfeita), à exaustão e à frustração constante. Ele se conecta à ferida da injustiça, acreditando que, se tudo for perfeito, o mundo será justo e reconhecerá seu valor.

A Agradadora (*The Pleaser*): Busca incessantemente a aceitação e o afeto dos outros, ajudando, agradando e resgatando, mesmo que isso signifique se anular e negligenciar as próprias necessidades. Tem dificuldade em dizer "não" e em estabelecer limites, pois teme desagradar e ser rejeitada. Sua autoimagem depende da aprovação externa. Essa é a voz da ferida da humilhação e do abandono, que nos faz acreditar que precisamos ser úteis e servis para merecer amor.

A Hiper-realizadora (*The Hyper-Achiever*): Define seu valor e sua autoestima exclusivamente por meio de conquistas e desempenho constantes. É viciada em sucesso, sempre buscando o próximo desafio, a próxima meta. Acredita que o descanso é improdutivo e que o valor pessoal está na produtividade incessante. Essa voz leva ao burnout, pois a ferida da **injustiça** nos faz crer que precisamos provar o próprio valor por meio de feitos extraordinários para ser dignas de reconhecimento.

A Vítima (*The Victim*): Tende a ser emocional e temperamental, usando o drama e o sofrimento para atrair atenção e afeto. Sente-se incompreendida e injustiçada, e muitas vezes se recusa a assumir responsabilidade pelos próprios problemas, buscando a compaixão dos outros. Essa voz se manifesta a partir da ferida do abandono e da injustiça, em que a impotência se torna uma estratégia para mobilizar o cuidado alheio.

O Inquieto (*The Restless*): Caracteriza-se por uma busca constante por maior excitação e novidade, tanto em atividades internas (pensamentos, ideias) quanto externas (projetos, hobbies). Tem dificuldade em estar presente, em desfrutar do momento atual, sempre buscando o próximo estímulo. Isso leva à dispersão, à falta de foco e à dificuldade em concluir o que começa. Ele se alimenta do medo da **monotonia** e da **insignificância**, uma fuga da realidade que pode parecer "chata" ou "comum".

Esses são apenas alguns dos rostos dos nossos inimigos internos, que, apesar de se manifestarem de diferentes maneiras, compartilham a mesma raiz: o medo. Medo de não ser suficiente, de não ser amada, de não pertencer, de não ter controle.

A escolha: sabotadores ou o sábio?

Chamine também propõe o conceito de Inteligência Positiva, que mede a força da nossa mente. Quando está dominada pelos sabotadores, a mente gera estresse, ansiedade, culpa, frustração. É como viver em um círculo vicioso de autossabotagem, no qual o medo e a insegurança ditam as regras.

Existe outra voz, porém. Uma parte mais elevada de nós, chamada Sábio. É a nossa essência conectada a Deus, a fonte de clareza, compaixão, coragem, criatividade e ação inspirada. O Sábio nos guia para a verdade, para a plenitude, para a vida inabalável.

Perceber que essas vozes sabotadoras não eram meu verdadeiro eu foi muito revelador. Elas nasceram das minhas feridas, sim, mas não eram a minha essência. Minha essência é o Sábio, a parte em mim que se conecta a Deus, que tem clareza, compaixão e coragem. Que não se dobra, que resiste, que melhora. Aprender a reconhecer os sabotadores foi como acender a luz em um quarto escuro. Eles ainda estão lá, mas agora eu os enxergo. E quando os vejo, posso escolher não obedecer. Posso escolher qual voz ouvir. Como Chamine bem diz: "Você não pode calar seus sabotadores, mas pode enfraquecê-los cada vez que escolhe escutar seu Sábio".[10]

A tríade mental: sabotadores, sábio e músculos mentais

Chamine explica a existência de uma tríade mental que dita a qualidade da nossa experiência:

- **Sabotadores (Cérebro de Sobrevivência):** São as reações automáticas de defesa, o "modo de luta ou fuga" que nos mantém presos ao medo, à ansiedade e à reatividade. Operam a partir do nosso cérebro reptiliano e límbico – as partes mais primitivas, focadas na sobrevivência.
- **Sábio (Cérebro do Sábio):** É a nossa parte mais elevada, conectada à nossa essência e à Fonte Inabalável. Reside no córtex pré-frontal, a parte mais evoluída do nosso cérebro, responsável pela clareza,

10 CHAMINE, S. *op. cit.*

compaixão, coragem, criatividade e ação inspirada. É a voz da nossa intuição, da nossa sabedoria interior, que nos guia para o caminho certo.

- **Músculos mentais:** Assim como podemos treinar o corpo, podemos treinar a mente. Esses músculos são fortalecidos por práticas diárias como a atenção plena, a oração, os exercícios de gratidão e a reprogramação mental. Eles nos permitem enfraquecer os sabotadores e fortalecer o Sábio.

A escolha de mudar, de enfraquecer os sabotadores e fortalecer o Sábio, não é apenas uma questão de força de vontade; é um processo de reprogramação neural. Como vimos no capítulo anterior, o cérebro é capaz de se reorganizar e formar novas conexões. E, cada vez que escolhemos ouvir o Sábio, fortalecemos uma nova trilha neural. Cada vez que enfrentamos um medo, ativamos circuitos de coragem. É um treino diário, no qual a repetição intencional de novos padrões mentais cria e fortalece as vias neurais desejadas, enquanto as antigas, por falta de uso, enfraquecem.

A história dos espias: qual voz você escolhe ouvir?

Na Bíblia, em Números 13,[11] Moisés envia doze espiões para observar a Terra Prometida. Dez voltaram dominados pelos sabotadores, com o medo e a escassez ditando suas palavras: "Perto deles nós nos sentíamos tão pequenos como gafanhotos; e, para eles, também parecíamos gafanhotos". Eles ouviram o Crítico, que dizia "não somos bons o bastante", e o Controlador, que afirmava "não temos como dominar isso". A amígdala, nosso centro do medo, estava em pleno comando, sequestrando a capacidade de raciocínio e a visão de possibilidades.

Apenas Josué e Calebe ouviram a voz do Sábio, a voz da fé e da coragem: "Se o Senhor Deus nos ajudar, ele fará com que entremos nela e nos dará aquela terra, uma terra boa e rica". Eles ativaram o córtex pré-frontal, a parte do cérebro responsável pela análise racional e pela visão de futuro, e se conectaram a uma força maior.

11. BÍBLIA. **Números 14:8-9**. Nova Tradução na Linguagem de Hoje (NTLH). Disponível em: www.bible.com/pt/bible/211/NUM.14.8-9. Acesso em: 8 out. 2025.

Essa história milenar nos mostra que a diferença entre viver limitado e conquistar a plenitude está em qual voz você escolhe ouvir. É uma escolha que se reflete em cada área da nossa vida, desde as pequenas decisões do dia a dia até os grandes sonhos que ousamos perseguir.

O jardim da mente: cultivando a verdade

Imagine sua mente como um jardim. Se não plantarmos nada, ervas daninhas crescem: medo, rejeição, escassez. Elas sufocam as flores do nosso potencial. Mas, quando você decide plantar, regar e podar, o jardim floresce. Cada afirmação é uma rega. Cada oração é um raio de sol. Cada visualização é uma poda que abre espaço para novas flores.

A pergunta que se impõe é: você está vivendo em um terreno abandonado ou em um jardim cultivado? A escolha é sua. O poder de manifestar e reprogramar a sua realidade está nas suas mãos.

A descoberta e a superação desses inimigos internos não são um destino, mas uma jornada contínua. Ao reconhecer que essas vozes não são a sua essência, você se liberta para viver a vida que Deus a chamou para ter: de fé, força e plenitude.

Exercícios práticos

Para que você possa desmascarar os seus sabotadores e fortalecer a voz do seu Sábio, proponho os seguintes exercícios:

Mapeando seus sabotadores e suas máscaras

Em uma folha, escreva: "Quais vozes internas mais me limitam?". Identifique seus três sabotadores mais fortes (Crítico, Hiper-realizadora, Controlador, Vítima, Agradadora, Inquieto ou Perfeccionista). Para cada um, escreva:

- Como ele se manifesta na sua vida (em situações concretas)?
- Qual ferida emocional (do Capítulo 2) ele está tentando proteger?
- Qual máscara (do Capítulo 2) você usa quando ele está ativo?
- Qual mentira ele conta para você?
- Qual a verdade que ele esconde ou a necessidade que ele tenta suprir?

Depois, escreva o antídoto: o que Deus e sua essência diriam no lugar dessa voz.

Desenhando sua sombra e sua luz

Em uma folha de papel em branco, desenhe a sombra do seu sabotador principal como um monstro. Dê a ele uma forma, um rosto, uma expressão. Ao lado, desenhe a luz que o enfraquece (pode ser a imagem de Deus, do seu Sábio, ou um símbolo de força e verdade). Escreva embaixo: "Eu não sou a sombra. Eu sou a luz que a revela e a transforma".

Oração declarativa de reprogramação

Feche os olhos e diga em voz alta, com convicção: "Essa não sou eu. Eu sou filha amada de Deus, criada para a plenitude. A voz que me guia é a voz do Sábio, que me conduz à verdade, à abundância e à vitória. Meus sabotadores não têm poder sobre mim, pois eu escolho a luz".

Desafio para os próximos três dias

- ✦ **Dia 1:** Identifique seu sabotador principal e observe como ele aparece no seu cotidiano. Anote as situações em que ele tenta dominar você e as emoções que ele desperta.
- ✦ **Dia 2:** Para cada situação observada no Dia 1, escreva conscientemente: "Essa não sou eu. Eu escolho ouvir o Sábio". E visualize-se agindo a partir da voz do Sábio.
- ✦ **Dia 3:** Escolha uma dessas situações e, na próxima vez que ela ocorrer, aja intencionalmente a partir da voz do Sábio, em vez de obedecer ao sabotador. Registre a diferença e a sensação de empoderamento.

Ser antifrágil é transformar cada impacto em um músculo novo da alma.

Seja forte, corajosa, invencível, imbatível

@keniagama

CAPÍTULO 4

A FORÇA DO CORPO E DA AUTOESTIMA: O ESPELHO DA ALMA E DOS RESULTADOS

Havia uma vez, em um reino não tão distante, um templo sagrado. Não era feito de pedras ou ouro, mas de carne, ossos e um espírito vibrante. Esse templo era o corpo humano, a morada da alma, o palco onde a vida se manifesta em toda a sua complexidade. Por muito tempo, eu o vi apenas como um invólucro, mas, aos poucos, aprendi que o corpo é mais que carne, ossos e músculos. Ele guarda memórias, traumas e libertações. É o mensageiro silencioso da alma, o guardião das emoções mais profundas.

Cada fase da vida deixou marcas visíveis em mim. Da fragilidade da infância até a força que redescobri em 2024, meu corpo sempre refletiu minhas lutas internas, o lugar onde as feridas da alma se manifestavam em dores físicas e em uma autoimagem distorcida. Crises de enxaqueca, sinusite, gastrite, úlcera, resistência insulínica, sobrepeso. O corpo, um campo de batalha marcado por emoções, pressões e estresse.

O corpo como campo de batalha: a narrativa da dor

Minha jornada com o corpo começou cedo, com a fragilidade da infância. Como já compartilhei, ser magrinha foi meu primeiro motivo de rejeição. Eu era chamada de frágil, franzina, pequena demais. Aquela experiência de quase afogamento no rio, aos seis anos, gravou no meu subconsciente a crença de que "ser frágil é perigoso, ser magrinha é arriscado. Para sobreviver, eu preciso ser mais forte, ter mais corpo". E o subconsciente, em sua incessante busca por proteção, obedeceu.

Depois do nascimento da minha primeira filha, com as pressões da maternidade e do empreendedorismo, comecei a engordar. A cada quilo a mais, uma camada de proteção parecia se formar, como se o corpo estivesse construindo uma armadura contra as críticas e as exigências do mundo. Na segunda gravidez, cheguei a pesar 85 quilos e descobri que tinha lipedema. Não importava o quanto tentasse, os remédios não funcionavam. O corpo parecia lutar contra mim, uma guerra silenciosa em que a mente ferida ditava as regras.

No meio disso, vivi uma das fases mais duras da minha vida: quase divorciei e quase fali, como relato em detalhes no meu livro *Desperte a mulher rica que existe em você*. Naquele período, carregava nos ombros a pressão de ser mãe, esposa e empresária. Meu corpo refletia essa sobrecarga: pesado, cansado, sem energia. As dores físicas se tornaram constantes: minhas costas doíam, e, antes dos trinta anos, fui diagnosticada com hérnia de disco e artrose na mesma vértebra. As úlceras e as gastrites severas eram o grito do meu estômago contra a acidez das minhas emoções. Sinusite e infecção urinária crônica eram a manifestação de um sistema imunológico exausto, atacando a si mesmo. Todos os meus exames estavam alterados, e eu não parava de engordar.

O corpo, em sua sabedoria, estava me avisando. Gritava o que minha boca não ousava confessar: eu estava quebrada, exausta, sobrecarregada. A mente, dominada pelos sabotadores e pelas feridas da rejeição, do abandono e da injustiça, havia criado uma realidade de dor que se manifestava em cada célula do meu ser. Eu estava em um círculo vicioso no qual a dor emocional gerava dor física, que, por sua vez, retroalimentava a dor emocional.

A crítica e o subconsciente: a voz que adoece

Eu havia decidido cuidar do meu corpo e de mim: treinava seis dias por semana, fazia aeróbico em jejum, dieta restrita, refeições pesadas na balança. Estava "no *shape*". Mas aí, ao me envolver mais com a igreja, ouvi uma crítica inesperada: eu era "sensual demais". Meu corpo, em sua nova forma, chamava atenção de uma maneira que, para alguns, era inadequada. Na semana seguinte, como um eco sombrio dessa voz, quebrei o pé e precisei parar os treinos. Voltei a engordar, claro.

Como se não bastasse, os exames revelaram resistência insulínica. Foi como se meu subconsciente, em sua eterna busca por proteção, tivesse registrado: "Se o meu corpo chama atenção, é perigoso. Melhor engordar, melhor se esconder". E de 2015 até 2023, mesmo com remédios potentes, eu não consegui emagrecer. O corpo não mente. Ele manifesta as crenças que carregamos. Engordar parecia mais seguro, uma armadura invisível contra o julgamento e a vulnerabilidade.

Essa experiência me fez compreender a profundidade da conexão mente-corpo. As doenças autoimunes, como lúpus e vitiligo, e tantas outras, são, em sua essência, o corpo atacando a si mesmo. Se buscarmos causas físicas, muitas vezes não as encontraremos. Somente sintomas físicos. Em sessões de hipnoterapia, o que mais vemos são pessoas com sentimento de abandono, com a sensação de que não são merecedoras, com sentimento de culpa, que acabam por desenvolver doenças que as matam. A autorrejeição criada na mente desencadeia uma resposta física à altura.

Há ainda as doenças psicossomáticas: quando o sofrimento mental e psicológico causa ou agrava doenças físicas, com dores que, muitas vezes, não são explicadas por doença alguma. Problemas como depressão, ansiedade e tantos outros distúrbios psicológicos presentes em nossos dias, se iniciam nas emoções, no subconsciente, na interpretação que sua mente (que não é racional) dá a circunstâncias, interferindo em seu corpo, seus hormônios e sua saúde.

O pilar invisível que sustenta a vida

Autoestima é muito mais do que a imagem que vemos no espelho. É a avaliação que fazemos de nós mesmas, o valor que nos atribuímos, a crença em nossa própria capacidade e dignidade. É a base sobre a qual construímos nossa vida, nossos relacionamentos, nossa carreira e nossa felicidade.

Em *Desperte a mulher brilhante que existe em você*, discorri sobre os pilares da autoestima:

- ✦ **Autoconhecimento:** A capacidade de entender quem você é, suas forças, suas fraquezas, seus valores e seus sonhos.
- ✦ **Autodesenvolvimento:** A busca contínua por crescimento, aprendizado e aprimoramento, transformando suas fraquezas em pontos de melhoria.
- ✦ **Autoaceitação:** O reconhecimento e a celebração de sua unicidade, aceitando suas qualidades e imperfeições, sem a necessidade de comparação.

Quando esses pilares estão fragilizados, a autoestima desmorona, e com ela, a capacidade de brilhar em todas as áreas da vida.

Autoestima e resultados profissionais: o impacto no seu brilho

A relação entre autoestima e sucesso profissional é direta e inegável. Uma autoestima saudável é o combustível para a coragem de empreender, de negociar, de se expor e de liderar.

Uma mulher com baixa autoestima:

Tem medo de cobrar o valor justo: com frequência, ela subvaloriza o próprio trabalho, aceitando salários menores, cobrando menos por seus serviços ou tendo dificuldade em negociar contratos. Ela teme ser rejeitada se pedir o que realmente merece, ou acredita que não é "boa o suficiente" para um valor mais alto.

Sofre de síndrome da impostora: mesmo com qualificações e experiência, sente que não é merecedora de suas conquistas, que está "enganando" a todos e que, a qualquer momento, será desmascarada. Isso paralisa, impede de buscar promoções, assumir novos desafios ou se posicionar como especialista.

Considera difícil delegar e liderar: o medo de que ninguém fará tão bem quanto ela, ou a necessidade de controlar tudo para evitar falhas (alimentada pelo Controlador), impede que a mulher com baixa autoestima construa equipes fortes e delegue com confiança. Isso a mantém presa ao operacional, limitando seu crescimento e o de seu negócio.

Foge da exposição e do networking: o receio do julgamento, da crítica ou da rejeição (sabotadores Crítico e Agradadora) faz com que muitas mulheres evitem eventos de networking, palestras ou a exposição nas redes sociais. Isso limita sua visibilidade, suas oportunidades de parceria e seu alcance profissional.

A mulher inabalável
não nasce pronta,
ela é forjada.

Seja forte, corajosa,
invencível, imbatível
@keniagama

Não é resiliente diante de fracassos: a baixa autoestima transforma cada erro em uma confirmação de sua incapacidade.

Por outro lado, uma autoestima robusta impulsiona a mulher a:

Negociar com confiança: saber seu valor permite pedir o que é justo, defender seus projetos e se posicionar como uma profissional de alto nível.

Liderar com propósito: a confiança em si mesma inspira a equipe, permite delegar com eficácia e focar no estratégico, impulsionando o crescimento do negócio.

Buscar novas oportunidades: a ausência do medo da rejeição abre portas para o networking e a busca por desafios que expandem horizontes.

Transformar adversidades: a crença na própria capacidade permite encarar os desafios como oportunidades, aprendendo e crescendo a cada obstáculo.

O espelho quebrado e o espelho da verdade: o renascimento em 2024

Apenas quando o "bicho pegou", eu fui atrás de resolver.

Em 2024, algo virou dentro de mim. Eu decidi que queria mais plenitude em minha vida. Que ser amada não significava realizar demais ou carregar tudo sozinha. Comecei a focar em mim de maneira integral: corpo, mente e espírito. Não aconteceu em um passe de mágica, foi necessária uma série de pequenas decisões intencionais. Voltei a me alimentar melhor, não com dietas restritivas, mas com consciência e nutrição. Retomei os treinos, não por obrigação, mas por prazer, redescobrindo a dança e o movimento como celebração do meu corpo. Cada escolha era um "sim" para mim mesma, um ato de amor-próprio que reverberava em todas as áreas.

O resultado foi transformador: emagreci treze quilos, minha pele voltou a brilhar, minha energia mudou. As pessoas começaram a dizer: "Você está mais leve", "Você parece dez anos mais jovem", "Você está brilhando".

A mudança não foi só física. Foi energética. Espiritual. Minha autoestima voltou. E não me refiro a apenas gostar do que enxerguei no espelho – embora tenha gostado. É estar convicta de meu valor inegociável, independentemente de padrões externos. É se respeitar, estabelecer limites, se priorizar. Uma mulher com autoestima baixa fala baixo, se esconde, pede desculpas por existir. Uma mulher com autoestima saudável olha nos olhos, fala com firmeza, caminha com segurança, porque sua força vem de dentro, não da aprovação alheia.

E o corpo é a expressão visível da autoestima. Por isso, cuidar dele não é futilidade. É estratégia. Ele fala para sua mente qual a frequência em que ela deve vibrar, e fala para as pessoas o que elas podem esperar de você.

Outra grande mudança foi meu divórcio. O relacionamento longo com tudo que eu carregava significava peso para mim. Quando essa relação acabou, a energia voltou, a juventude, o elixir de novo olhar para a vida. O peso, que era emocional, se tornou físico, mas, ao sair, o sobrepeso, o pré-diabetes, a gordura, o lipedema, foram juntos.

Autoconhecimento profundo: DISC e MBTI como aliados da autoestima

Para construir uma autoestima inabalável e impulsionar seus resultados profissionais, o autoconhecimento é a chave. Ferramentas como o DISC[12] e o MBTI (Myers-Briggs Type Indicator)[13] oferecem um mapa valioso para entender quem você é, como funciona e como interage com o mundo.

DISC: Desvendando seus comportamentos no mundo

O DISC é uma metodologia que avalia quatro estilos comportamentais básicos: Dominância (D), Influência (I), Estabilidade (S) e Conformidade (C). Entender seu perfil DISC é como ter um manual de instruções sobre como você tende a agir, reagir e se comunicar, especialmente em ambientes profissionais.

---

12 MARSTON, W. M. **Emotions of Normal People.** Grã-Bretanha: Routledge, 2003.

13 MYERS, I.; BRIGGS, K. **MBTI Manual.** Palo Alto: Consulting Psychologists Press, 1962.

A seguir, explico cada um desses estilos comportamentais:

Dominância (D): Foco em resultados, desafios, assertividade. Uma mulher com alta Dominância e baixa autoestima pode se tornar agressiva, impaciente ou, paradoxalmente, evitar desafios por medo de falhar, sabotando sua capacidade de liderança. Com autoestima saudável, ela é uma líder visionária e decisiva.

Influência (I): Foco em pessoas, comunicação, otimismo. Uma mulher com alta Influência e baixa autoestima pode buscar aprovação excessiva, ser superficial em suas relações profissionais ou evitar confrontos necessários por medo de não ser querida. Com autoestima saudável, ela é uma comunicadora carismática e inspiradora, excelente em vendas e networking.

Estabilidade (S): Foco em segurança, colaboração, paciência. Uma mulher com alta Estabilidade e baixa autoestima pode se tornar resistente a mudanças, evitar assumir riscos ou se sobrecarregar para manter a harmonia, sacrificando seu bem-estar. Com autoestima saudável, ela é uma colaboradora leal, paciente e um pilar de apoio para a equipe.

Conformidade (C): Foco em qualidade, precisão, análise. Uma mulher com alta Conformidade e baixa autoestima pode se perder em detalhes, sofrer de paralisia por análise ou ter medo excessivo de cometer erros, impedindo-a de tomar decisões ou inovar. Com autoestima saudável, ela é uma analista brilhante, garantindo a qualidade e a precisão dos projetos.

MBTI: a lente para suas preferências cognitivas

O MBTI, por sua vez, explora suas preferências em quatro dicotomias: como você se energiza (Extroversão/Introversão), como percebe informações (Sensação/Intuição), como toma decisões (Pensamento/Sentimento) e como lida com o mundo externo (Julgamento/Percepção).

Extroversão (E) *versus* **Introversão (I):** Como você recarrega suas energias. Uma introvertida com baixa autoestima pode se sentir inadequada em ambientes sociais ou de networking, subestimando o valor de sua reflexão e profundidade. Uma extrovertida com baixa autoestima pode buscar validação externa excessiva, tornando-se dependente da atenção alheia.

Sensação (S) *versus* **Intuição (N):** Como você percebe o mundo. Uma pessoa com preferência por Sensação e baixa autoestima pode se prender demais a fatos e detalhes, perdendo a visão do todo e a capacidade de inovar. Uma com preferência por Intuição e baixa autoestima pode se sentir "fora da casinha", com ideias que não são compreendidas, gerando frustração.

Pensamento (T) *versus* **Sentimento (F):** Como você toma decisões. Uma pessoa com preferência por Pensamento e baixa autoestima pode se tornar excessivamente crítica e insensível, ou evitar decisões difíceis por medo de errar. Uma com preferência por Sentimento e baixa autoestima pode sacrificar as próprias necessidades para agradar, ou ter dificuldade em impor limites.

Julgamento (J) *versus* **Percepção (P):** Como você lida com o mundo externo. Uma pessoa com preferência por Julgamento e baixa autoestima pode se tornar rígida e controladora, ou paralisar por medo de não conseguir planejar tudo perfeitamente. Uma com preferência por Percepção e baixa autoestima pode ter dificuldade em finalizar projetos, ou se sentir desorganizada e incapaz de cumprir prazos.

Importante salientar que essas ferramentas não são rótulos, mas lentes para o autoconhecimento. Elas nos ajudam a entender que nossas "fraquezas" podem ser apenas o lado sombrio de nossas maiores forças, quando a autoestima está abalada. Compreender o seu perfil lhe trará diversos benefícios, pois você poderá:

- **Validar suas forças:** reconhecer que suas características naturais são valiosas e únicas, elevando sua autoconfiança.
- **Desenvolver pontos cegos:** entender onde você pode melhorar, não por falha, mas por oportunidade de crescimento, sem julgamento.

- ✦ **Otimizar interações:** melhorar a comunicação e a colaboração com colegas, clientes e parceiros, sabendo como eles percebem o mundo.
- ✦ **Alavancar resultados profissionais:** utilizar suas forças de maneira estratégica e consciente, mitigando os impactos da baixa autoestima e dos sabotadores.

O espelho quebrado e o espelho da verdade

Um espelho trincado ainda mostra sua imagem, mas de maneira distorcida. Assim também é a visão que temos de nós mesmas quando olhamos com os olhos da rejeição, da crítica, da humilhação. A autoestima é o processo de trocar o espelho. É um trabalho de reconstrução interna, no qual cada gesto de autocuidado, cada afirmação positiva, cada escolha saudável é um pedaço de vidro novo que se encaixa, revelando uma imagem mais clara, mais verdadeira, mais brilhante.

Como o cérebro é plástico, cada vez que você escolhe um pensamento de amor-próprio e nutre seu corpo com respeito, você está reescrevendo as conexões neurais. Você está enfraquecendo as trilhas da dor e fortalecendo as da cura e da resiliência. É um processo ativo de reconstrução, que a torna, de fato, inabalável.

E veja, se eu me conheço e me desenvolvo, eu me aceito. Não existe aqui aceitação de uma versão que não lhe pertence. Assim, não vou dizer que você precisa amar e se aceitar ao se olhar no espelho, mas que precisa olhar e enxergar quem você merece ser e procurar alcançar esse seu "holograma" extraordinário.

Então, cuide do seu corpo. É um ato de amor-próprio que reverbera em todas as áreas da sua vida, inclusive na espiritual. A Bíblia diz que "o corpo de vocês é o templo do Espírito Santo" (1 Coríntios 6:19).[14] Isso significa que o autocuidado é também espiritualidade. Quando cuido da minha saúde, honro a Deus. Quando negligencio o corpo, abro portas para doenças físicas e emocionais. Ser inabalável passa por reconhecer que o corpo é parte da nossa missão. Não é possível conquistar grandes sonhos se a saúde estiver quebrada.

Quando seu corpo está forte e saudável, sua mente tem mais clareza, sua energia se eleva, sua autoestima floresce. Você se posiciona no mundo com mais confiança, atrai oportunidades e se torna um farol de luz para os

14 BÍBLIA. 1 **Coríntios 6:19**. Nova Tradução na Linguagem de Hoje (NTLH). Disponível em: www.bible.com/pt/bible/211/1CO.6.19.NTLH. Acesso em: 8 out. 2025.

outros. Uma mente forte não habita em corpo fraco, uma mente saudável não habita em corpo doente.

Você é um ser integral, no qual corpo, mente e espírito estão intrinsecamente conectados. Ao honrar e cuidar de cada uma dessas partes, você se torna a mulher inabalável que nasceu para ser.

Exercícios práticos

Para fortalecer a sua conexão com o corpo e elevar a sua autoestima, proponho os seguintes exercícios:

Diário do corpo e da alma

Durante uma semana, responda por escrito todo dia às seguintes perguntas:

- Como me sinto no meu corpo hoje (física e emocionalmente)?
- Que crença (sabotador ou ferida) ou padrão comportamental (DISC/MBTI) pode estar por trás dessa sensação?
- O que posso fazer por mim hoje (um gesto de autocuidado, por menor que seja)?

Afirmações de autoestima e poder

Repita as afirmações a seguir diante do espelho, com convicção, olhando nos seus próprios olhos.

"Meu corpo é forte, saudável e cheio de energia. Ele é um templo sagrado."

"Eu honro meu corpo com amor e cuidado, e ele me serve com vitalidade."

"Minha beleza irradia de dentro para fora. Eu sou digna de amor e respeito."

"Eu me posiciono no mundo com confiança e segurança, porque minha força vem de Deus e da minha essência. Meus resultados profissionais são um reflexo da minha autoestima inabalável."

Ritual de movimento consciente

Escolha um movimento que lhe dê prazer (dança, caminhada, alongamento, ioga, natação). Faça dez minutos por dia, prestando atenção às sensações do seu corpo, à sua respiração, à alegria que o movimento proporciona. Por fim, registre como você se sente depois de cada sessão.

Autoconhecimento para alavancar resultados

Se você já fez algum teste de perfil comportamental (DISC, MBTI ou similar), revise seus resultados. Depois, reflita como as características do seu perfil (por exemplo, ser mais analítica, mais influente, mais prática) podem ser uma força para a sua carreira. E, então, identifique um ponto do seu perfil que, quando desequilibrado pela baixa autoestima, pode sabotar seus resultados profissionais (como medo de delegar, dificuldade em se expor, excesso de crítica). Por fim, escreva uma ação concreta que você pode tomar esta semana para usar seu perfil de maneira mais consciente e positiva no trabalho, fortalecendo sua autoestima e seus resultados.

Desafio para os próximos três dias

- **Dia 1:** Tire uma foto sua (mesmo que não goste do que vê). Olhe para ela com compaixão, sem julgamento. Escreva três qualidades que você admira em si mesma, independentemente da aparência, e três conquistas profissionais que lhe dão orgulho.
- **Dia 2:** Pratique um ritual de autocuidado que você tem negligenciado (um banho relaxante, uma máscara facial, um momento de silêncio com uma xícara de chá, uma massagem). Faça-o com total presença e intenção. Observe como esse ato de cuidado impacta sua disposição para o trabalho.
- **Dia 3:** Escreva uma carta para seu corpo, agradecendo por tudo o que ele já sustentou, pelas batalhas que travou e pelas vitórias que conquistou. Peça perdão por qualquer negligência e prometa honrá-lo e amá-lo a partir de agora. Conecte essa gratidão à sua capacidade de gerar resultados e brilhar profissionalmente.

Autoestima não é vaidade, é espiritualidade aplicada.

Seja forte, corajosa, invencível, imbatível

@keniagama

CAPÍTULO 5

O RECOMEÇO É FORÇA: A MENTE QUE CRIA REALIDADE

Era uma vez um reino não tão distante no qual uma verdade era sussurrada pelos sábios e ignorada pelos distraídos: a de que a realidade, antes de ser vista, é sentida; antes de ser tocada, é imaginada. É como se a vida fosse uma tela em branco e cada um de nós uma artista com um pincel invisível, pintando o próprio destino com as cores dos pensamentos e as texturas das emoções. Por muito tempo, eu pintei quadros de escassez, de luta, de dor, sem perceber que o pincel estava em minhas mãos. A minha jornada me ensinou que manifestar não é mágica, mas uma ciência sutil, uma arte de reprogramar o próprio ser para criar a realidade desejada. Deus nos fez à Sua imagem e semelhança, a única criatura com o poder de criar. E isso começa por nós. Não somos vítimas do acaso, somos arquitetos da nossa realidade.

Durante uma fase da minha vida, a palavra "manifestar" parecia algo místico, distante, e até um pouco ingênuo. Eu era uma mulher de ação, de trabalho duro, de "fazer acontecer". Se algo não estava dando certo, eu arregaçava as mangas e ia à luta. E, de fato, essa garra me tirou de muitos buracos. Mas, por mais que eu me esforçasse, parecia que certas áreas da minha vida estavam presas em um círculo vicioso. Eu conquistava financeiramente, mas a saúde cobrava. Eu me dedicava à família, mas não tinha tempo para mim. Era como se eu estivesse sempre correndo, mas nunca alcançando a plenitude.

Foi no fundo do poço, quando a depressão me paralisou e as dívidas me sufocaram, que comecei a questionar tudo. Minha mente, antes tão focada em resolver problemas externos, foi forçada a olhar para dentro. E ali, no silêncio da minha dor, passei a entender que a maior batalha não estava lá fora, mas em meu interior. Eu precisava reprogramar o meu sistema operacional, a minha mente, para que a realidade externa se alinhasse com os meus mais profundos desejos.

Até porque nós vemos o mundo através de nossas lentes. As pessoas não são chatas, arrogantes, você acha que elas são assim. As pessoas não a traem ou a machucam, você se sente traída ou magoada. Se perguntarmos para um terceiro, que está dissociado emocionalmente, é capaz que ele tenha uma visão diferente. Um conflito costuma ter três versões: a dos dois envolvidos e a "verdade" ou os fatos em si.

A vidraça empoeirada e a percepção distorcida

Em uma pequena vila, onde as casas se espremiam umas contra as outras, uma mulher passava as manhãs à janela. Não para admirar a paisagem, mas para observar a vizinha. Todos os dias, quando a vizinha estendia seus lençóis no varal, a mulher da janela suspirava, balançava a cabeça e murmurava para si mesma: "Que descuido! Aqueles lençóis estão sempre tão sujos. Será que ela não tem vergonha de estender roupas tão encardidas para todo mundo ver?".

Dia após dia, a cena se repetia. Os lençóis da vizinha, aos olhos da mulher da janela, atestavam desleixo, uma mancha na impecabilidade que ela tanto prezava. Ela comentava com outras vizinhas, com o marido, com os filhos, sempre com a mesma indignação: "Como alguém pode ser tão desatenta com algo tão básico como a limpeza?".

Até que, um dia, sua filha, uma menina de olhos curiosos e alma pura, aproximou-se da janela e, com a ponta dos dedos, tocou o vidro. "Mamãe", disse ela. "Os lençóis da vizinha estão tão branquinhos hoje! Brilham no sol!"

A mulher da janela, surpresa, olhou novamente. E, de fato, os lençóis da vizinha estavam imaculados, extremamente brancos. Confusa, franziu a testa, olhou para a filha, depois para a janela, e, então, com um pano úmido, limpou o vidro à sua frente. E ali estava a verdade: não eram os lençóis da vizinha que estavam sujos, mas a vidraça, que, empoeirada e manchada, distorcia tudo o que ela via.

Essa é nossa mente. Ela replica e vê com sua ótica, tudo que está em suas lentes. E se, na maioria do tempo atuamos no automático das nossas emoções e crenças, precisamos reprogramar a mente, encontrar caminhos diferentes para acessar a realidade positiva e maravilhosa que está à nossa disposição.

Se você acredita que pode ou não pode, você está certa. Se acredita que é bom ou ruim, você está certa. Se acredita que merece ou não merece, você está certa. A verdade é que você manifesta e acessa a realidade que acredita, porque seu coração sente e você cria essa realidade.

Pensamentos são sementes: o poder da criação mental

A vida é como um campo aberto. Cada pensamento é uma semente lançada no solo invisível da mente, seja ele bom ou ruim. Algumas germinam rápido, como ervas daninhas que se espalham sem pedir licença. Outras exigem rega, paciência e fé para florescer. Mas uma verdade permanece: ninguém colhe aquilo que não plantou.

O destino não começa do lado de fora. Ele brota dentro de nós. Dr. Joseph Murphy, em seu clássico *O poder do subconsciente*,[15] ensina que "seu subconsciente aceita aquilo que você repete com emoção, seja verdade ou mentira". Ele não raciocina, não julga, não questiona. Apenas aceita como verdade tudo o que lhe é repetido com intensidade e sentimento. Se você repete para si mesma que é incapaz, ele aceita e trabalha para provar essa incapacidade em sua vida. Mas se você o alimenta com a verdade do seu potencial, ele se torna seu maior aliado, um servo fiel que executa as ordens que lhe são dadas.

Neville Goddard, um dos grandes mestres da manifestação, reforça que a imaginação cria a realidade. O que você ousa assumir como verdade em sua mente, cedo ou tarde se tornará fato em sua vida.[16] A chave não é apenas pensar positivo, mas *sentir* a realidade desejada como se já fosse presente. O sentimento, então, é o segredo. Não basta visualizar; é preciso sentir a emoção da realização, pois é essa emoção que imprime a imagem no subconsciente e o impulsiona à ação, trazendo a realidade para a existência física.

A neurociência cognitiva corrobora essa perspectiva, mostrando que a repetição de pensamentos e a ativação emocional associada a eles fortalecem redes neurais específicas. Quando você pensa e sente algo intensamente, seu cérebro cria e reforça as vias que correspondem a essa realidade, tornando-a

15 MURPHY, J. **O poder do subconsciente.** Rio de Janeiro: BestSeller, 2019.

16 GODDARD, N. **Feeling is the Secret.** Nova York: DeVorss, 1944.

mais acessível e provável em seu comportamento e percepção do mundo. É um ciclo no qual a mente molda a realidade e a realidade reforça a mente.

A manifestação da dor interna

Você conhece a psiconeuroimunologia? É um campo de estudo emergente que demonstra como o estresse crônico e as emoções negativas podem suprimir o sistema imunológico e exacerbar condições inflamatórias, como gastrites e dores crônicas. Suas pesquisas comprovam que o corpo, de fato, não mente; ele somatiza as tensões e crenças arraigadas em nosso subconsciente.[17]

Vivi essa experiência na pele. Eu tinha apenas seis anos quando fui ferida por alguém que deveria me proteger. Meu próprio primo, em minha própria casa... Conto essa história completa em meu primeiro livro, mas a questão aqui é: um abuso sexual, uma traição à inocência de uma criança, que não entendia na época, mas cujo corpo começou a gritar por meio de infecções urinárias recorrentes desde os dezessete anos. Médicos não entendiam. Remédios não curavam. Era a alma adoecendo o corpo, uma realidade criada pela mente infantil que registrou a culpa e a vergonha.

Anos depois, na hipnoterapia, voltei àquela cena. Mas, dessa vez, não como a criança indefesa. Fui como a mulher que sou hoje: forte, capaz, amparada por Deus. Entendi que a culpa não era minha. A vergonha não era minha. E, como um nó desatado, as dores cessaram. O corpo descansou. Eu renasci.

Mais tarde, você já sabe, vivi outro vale profundo: quase perdi meu casamento e quase fali ao mesmo tempo. As dívidas se empilhavam sobre a mesa, ligações insistentes, noites sem dormir. No coração, uma sensação de fracasso: "não fui suficiente como esposa, não fui suficiente como empresária". A mente poderia ter sido minha prisão, mas decidi transformá-la em meu altar.

Escrevi afirmações de vitória, profetizei abundância, visualizei possibilidades que pareciam impossíveis. E, aos poucos, como tijolos assentados, a vida começou a voltar aos eixos. O casamento, à época, foi reconstruído.

17. MARQUES-DEAK, A.; STERNBERG, E. Psiconeuroimunologia: a relação entre o sistema nervoso central e o sistema imunológico. **Revista Brasileira de Psiquiatria**, v. 26, n. 3, p. 143–144, 2004.

A mente acredita nas mentiras que você repete todos os dias. Mude o roteiro.

Seja forte, corajosa,

invencível, imbatível

@keniagama

A falência não me definiu. Eu renasci mais forte, mais livre. Inclusive, tatuei em meu braço, "amor-próprio em primeiro lugar", para eu nunca mais me esquecer de que amo o próximo como a mim mesma e que, primeiro Deus, depois eu, minha mente, meu corpo e, só depois, todo o resto. Tatuei como uma forma de afirmação positiva diária e constante.

Essas experiências me ensinaram que a mente é maleável, mas precisa de jardinagem diária. E o autoconhecimento nos permite entender que não somos nossos pensamentos, que, muitas vezes, são intrusos. Se eu sei que sou uma vencedora, sei que pensamentos de derrota não são meus, são a voz do medo. Se eu sei que mereço coisas boas, eu não aceito menos. Se eu sei que sou amada, não vivo procurando amor. Se eu sei que sou cuidada, rio feliz diante do amanhã. Eu me visto de honra, força e coragem e, assim, olho para o meu futuro com convicção, como bem diz Provérbios 31:25,[18] um dos meus versículos preferidos.

Como já vimos, a psiconeuroimunologia demonstra como o estresse crônico e as emoções negativas podem suprimir o sistema imunológico e exacerbar condições inflamatórias. O corpo, de fato, não mente; ele somatiza as tensões e crenças arraigadas em nosso subconsciente.

A arquitetura da mente: o solo onde cresce a realidade e os arquétipos

A mente é um universo complexo, com camadas e funções que, quando compreendidas, revelam um poder criativo imensurável. Eu a vejo como um iceberg, em que apenas uma pequena parte é visível, enquanto a maior porção permanece submersa, operando de modo silencioso, mas influenciando grandemente a nossa vida.

Então, reafirmamos que a mente se divide em três grandes esferas:

Consciente: A ponta visível, que pensa, analisa e decide. Ela representa cerca de 5% da nossa capacidade mental total. É a voz que você ouve quando está lendo este livro, quando planeja o seu dia ou quando decide

18 BÍBLIA. **Provérbios 31:25.** Nova Tradução na Linguagem de Hoje (NTLH). Disponível em: https://www.bible.com/pt/bible/211/PRO.31.25.NTLH. Acesso em: 8 out. 2025.

o que vai comer no almoço. É a sua força de vontade, a sua capacidade de foco. Sua função principal é a lógica e a razão, mas sua capacidade de processamento é limitada.

Subconsciente: Corresponde a impressionantes 92% a 93% da nossa mente. Esta é a sede das nossas emoções, hábitos, memórias de longo prazo, crenças e valores. Como vimos, o subconsciente não raciocina, é o solo fértil onde as sementes dos nossos pensamentos são plantadas e, invariavelmente, germinam. Os sabotadores operam predominantemente aqui, com programas antigos que nos levam a repetir padrões de escassez e sofrimento.

Inconsciente: O fundo mais profundo, responsável por cerca de 2% a 3% da nossa mente. Esta é a parte mais primitiva, que controla as funções vitais do corpo, os instintos de sobrevivência e armazena traumas não processados. Foi aqui que Carl Jung[19] introduziu o conceito de arquétipos, que vamos ver a seguir.

Padrões universais que moldam nossas realidades

Jung descreveu os arquétipos como padrões universais e inatos de pensamento e comportamento, imagens primordiais que residem no inconsciente coletivo da humanidade. São como moldes invisíveis que influenciam nossas percepções, emoções e reações, sem que tenhamos consciência deles. Pense neles como personagens arquetípicos que habitam nossa psique: o Herói, a Vítima, o Sábio, o Inocente, o Guerreiro, a Mãe, o Órfão, entre outros.

Para mim, a grande revelação foi entender que a minha mente subconsciente, por não distinguir o real do imaginário, estava operando com base em programas antigos, muitas vezes implantados na infância, e reforçados por esses arquétipos. Meu subconsciente, como um bom jardineiro, as regava e as fazia florescer, manifestando-as na minha realidade.

Jung argumenta que "até você se tornar consciente, o inconsciente irá dirigir a sua vida e você o chamará de destino". Assim, quando um

---

19 JUNG, C. G. *op. cit.*

arquétipo negativo está ativo em nosso inconsciente, ele pode nos levar a repetir histórias de sofrimento, escassez ou autossacrifício, mesmo que de modo consciente desejemos o contrário. A chave da reprogramação reside em trazer esses padrões à luz da consciência, reconhecer sua influência e, então, escolher conscientemente ativar arquétipos mais alinhados com a plenitude e a prosperidade.

É importante salientar que não existem arquétipos bons ou ruins, existe em cada um sua luz e sua sombra. Todos são necessários e, em geral, escolhemos uma tríade para nos acompanhar ao longo da vida.

Em qual desses arquétipos você se encaixa?

Os doze arquétipos de Carl Jung

Vamos explorar os doze arquétipos principais, que servem como um mapa para a nossa psique. Ao reconhecê-los em nós mesmas e nos outros, ganhamos um poder imenso para reescrever nossa história e manifestar a realidade desejada.

O Inocente: Deseja segurança, felicidade e pureza. Teme ser punido por fazer algo errado. Sua virtude é a fé e o otimismo. Em sua sombra, pode ser ingênuo, dependente ou negar a realidade.

O Órfão/Pessoa Comum: Deseja pertencer e ser aceito. Teme ser abandonado ou excluído. Sua virtude é a empatia e o realismo. Em sua sombra, pode ser cínico, vitimista ou buscar a conformidade a todo custo.

O Herói/Guerreiro: Deseja provar seu valor por meio de atos corajosos e mestria. Teme a fraqueza, a covardia e a derrota. Sua virtude é a coragem, a disciplina e a força de vontade. Em sua sombra, pode ser arrogante, agressivo ou buscar o conflito desnecessariamente.

O Cuidador/Nutridor: Deseja proteger e servir os outros. Teme o egoísmo, a ingratidão e a incapacidade de ajudar. Sua virtude é a compaixão e a generosidade. Em sua sombra, pode ser um mártir, codependente ou negligenciar as próprias necessidades.

O Explorador/Buscador: Deseja liberdade e a descoberta de si mesmo por meio da jornada. Teme o conformismo, o aprisionamento e o vazio interior. Sua virtude é a autonomia, a ambição e a autenticidade. Em sua sombra, pode ser um errante, insatisfeito crônico ou fugir de compromissos.

O Amante: Deseja intimidade, conexão e prazer. Teme a solidão, a desconexão e a falta de amor. Sua virtude é a paixão, o compromisso e a sensualidade. Em sua sombra, pode ser viciado, ciumento ou perder a individualidade em nome do outro.

O Criador/Artista: Deseja inovar, construir e dar forma a uma visão. Teme a mediocridade, a falta de inspiração e a não realização. Sua virtude é a criatividade, a imaginação e a originalidade. Em sua sombra, pode ser perfeccionista, procrastinador ou autodestrutivo.

O Governante/Líder: Deseja controle, ordem e responsabilidade. Teme o caos, a impotência e ser deposto. Sua virtude é a liderança, a organização e a competência. Em sua sombra, pode ser tirano, manipulador ou autoritário.

O Mago/Visionário: Deseja transformar a realidade, entender as leis do universo e manifestar sonhos. Teme a estagnação, a dúvida e a falta de poder. Sua virtude é a intuição, a sabedoria oculta e a capacidade de catalisar mudanças. Em sua sombra, pode ser manipulador, ilusionista ou fugir da realidade.

O Sábio: Deseja a verdade, o conhecimento e a compreensão. Teme a ignorância, o engano e a ilusão. Sua virtude é a inteligência, a reflexão e a busca por sabedoria. Em sua sombra, pode ser dogmático, arrogante ou paralisar pela análise excessiva.

O Bobo da corte/Animador: Deseja alegria, leveza e viver o momento. Teme o tédio, a seriedade excessiva e a perda da espontaneidade. Sua virtude é o humor, a irreverência e a capacidade de desfrutar a vida. Em sua sombra, pode ser irresponsável, preguiçoso ou superficial.

O Rebelde/Fora da Lei: Deseja a revolução, quebrar regras e desafiar o *statu quo*. Teme ser impotente, ineficaz ou ser absorvido pelo sistema. Sua virtude é a liberdade, a autenticidade e a capacidade de questionar. Em sua sombra, pode ser destrutivo, niilista ou autodestrutivo.

Ao reconhecer esses arquétipos, você pode identificar quais deles estão mais ativos em sua vida, quais a impulsionam e quais a limitam. A reprogramação mental, então, torna-se um ato de escolha consciente: você até opera a maioria do tempo em uma tríade, mas decide qual arquétipo quer ativar para cada situação, qual voz quer amplificar em seu jardim mental.

Conduzindo a orquestra interna por meio da inteligência emocional

A *skill* da década é a inteligência relacional, que só é possível quando reconhecemos o outro depois de termos aprendido a reconhecer a nós mesmas. A base disso é a inteligência emocional, que está ligada a reconhecer qual emoção foi despertada; identificar o sentimento que ela gerou; observar o gatilho que disparou esse processo; e, por fim, escolher com consciência qual comportamento ter.

A verdade é que é impossível impedir que sintamos emoções, mas conseguimos controlar comportamentos. Podemos escolher não reagir, podemos escolher controlar aquilo que, de fato, está sob o nosso controle. Daniel Goleman, em *Inteligência emocional*,[20] destaca como a capacidade de gerenciar nossas emoções e as dos outros é crucial para o sucesso em todas as áreas da vida. A regulação emocional, por exemplo, envolve a ativação do córtex pré-frontal para modular as respostas impulsivas da amígdala, o centro do medo e da raiva no cérebro.

No dia a dia, a vida acontece em pequenas cenas que, muitas vezes, só nós percebemos. Você já passou pela situação de receber uma crítica injusta no trabalho? Na hora, bate aquela raiva, como se algo queimasse por dentro. Logo depois, vem a frustração e aquela sensação de que, mais uma vez, ninguém enxergou o seu esforço. Você lembra de outras situações parecidas,

---

20 GOLEMAN, D. *Inteligência emocional*: a teoria revolucionária que redefine o que é ser inteligente. Rio de Janeiro: Objetiva, 2011.

quando também não foi reconhecida, e tudo isso pesa ainda mais. Mas, em vez de explodir ou guardar tudo para si, você respira fundo, responde com calma e decide marcar uma conversa para tentar resolver as coisas de um jeito melhor.

Em outro momento, você vê alguém que ama se afastando. Dá uma tristeza, um sentimento de abandono que machuca, dói. Velhas lembranças de rejeição voltam à cabeça, e a vontade é de se fechar, de se proteger. Só que, dessa vez, você escolhe agir diferente: abre o coração, fala do que está sentindo e tenta se aproximar, mesmo com medo.

Assim, cada situação vira uma oportunidade de se conhecer melhor e de escolher como agir de modo diferente, misturando emoção, sentimento, lembranças e atitudes que ajudam a escrever a sua própria história. E, mais importante, ensinam você a ter domínio sobre sua própria mente e seu coração.

Inteligência emocional é exatamente isso. Não é eliminar emoções, mas conduzir os comportamentos que as emoções desencadeiam. Essa é uma das maiores chaves de alguém que não se permite abalar: saber que não é necessário reprimir uma emoção, mas é crucial desenvolver domínio próprio.

Os arquétipos e a dança das relações

Nossas interações também são profundamente influenciadas pelos arquétipos que ativamos em nós e nos outros. Se você se posiciona como o Guerreiro, pode atrair desafios e confrontos, por exemplo. A inteligência relacional, nesse contexto, envolve não apenas a compreensão das emoções, mas também a percepção dos arquétipos em jogo. Ao reconhecer o arquétipo que está sendo projetado ou ativado em uma interação, podemos escolher uma resposta mais consciente e alinhada com o arquétipo do Sábio, da Amante ou da Rainha, transformando a dinâmica da relação. Isso nos permite reescrever os roteiros inconscientes de nossos relacionamentos.

Ferramentas e técnicas para criar sua realidade

Com a compreensão de tudo o que vimos neste capítulo, comecei a aplicar ferramentas poderosas para reprogramar minha mente e manifestar a realidade que eu desejava. A eficácia dessas técnicas reside em sua capacidade de interagir com os mecanismos da mente subconsciente e da neuroplasticidade.

Vamos a elas?

Visualização criativa e imersão sensorial

Não basta apenas ver uma imagem mental; é preciso viver nela. Eu comecei a visualizar minha saúde restaurada, um relacionamento amoroso feliz, minha empresa próspera, minhas contas pagas. Mas eu ia além. Eu me perguntava: como me sinto ao viver essa realidade? Qual o cheiro do meu novo escritório? Quais os sons da minha casa cheia de alegria? Qual a textura das minhas mãos segurando o cheque da minha liberdade financeira? Eu sentia a alegria, a paz, a gratidão como se já fosse real, fazia com que cada sentido fosse ativado. Essa prática, repetida diariamente, começou a imprimir essas novas realidades no meu subconsciente, e criou um mapa detalhado para ele seguir. É a diferença entre sonhar acordada e sentir o sonho como presente. A neurociência da visualização mostra que, quando imaginamos vividamente uma experiência, ativamos as mesmas redes neurais que seriam ativadas se a experiência fosse real. Isso prepara o cérebro para reconhecer e agir sobre oportunidades no mundo físico, tornando-o mais propenso a manifestar o que foi visualizado.

Afirmações e decretos poderosos

A repetição é a mãe da aprendizagem, e a palavra falada tem um poder imenso. Se eu repetia frases negativas por anos, eu podia, conscientemente, substituí-las por afirmações positivas e decretos. Eu comecei a declarar em voz alta frases como: "Eu sou saudável e vibrante", "Meu relacionamento é um exemplo de amor e cumplicidade", "Eu sou uma fonte inesgotável de prosperidade e riqueza". A princípio, parecia estranho, quase uma mentira, em especial quando a realidade gritava o contrário. Mas, com consistência e emoção, essas afirmações começaram a se enraizar, a criar novas sinapses, até se tornaram a minha nova verdade. A voz interior, que antes me sabotava, começou a ser reeducada pela minha própria voz, cheia de intenção e fé.

Ser forte demais também é uma forma de defesa.

Seja forte, corajosa,
invencível, imbatível
@keniagama

A neurociência do comportamento mostra que a repetição de pensamentos e palavras molda as vias neurais, que as torna mais eficientes e automáticas. É um processo de auto-hipnose consciente, no qual você se torna a autoridade que dita as novas regras para o seu subconsciente, contornando o fator crítico da mente consciente.

Ensaio mental: preparando o caminho para a vitória

Como já abordamos em *Desperte a mulher brilhante que existe em você*, na seção sobre a Tríade da Motivação, a mente tem um poder incrível de criar e imaginar. O ensaio mental leva isso a um novo nível, transformando a visualização em uma prática ativa de preparação. Atletas de alta performance, músicos e palestrantes usam o ensaio mental para aprimorar seu desempenho. Eles não apenas visualizam o sucesso, mas sentem cada etapa, cada movimento, cada emoção da vitória. Eu comecei a fazer o mesmo com a minha vida. Antes de uma reunião importante, eu ensaiava mentalmente o sucesso, visualizava cada palavra, cada reação, o desfecho positivo. Antes de uma conversa difícil, eu me via conduzindo o diálogo com calma e clareza, alcançando um entendimento mútuo. Essa prática não só me dava confiança e diminuía a ansiedade, mas também preparava meu cérebro para o sucesso, e a cada vez ele se tornava mais propenso a reconhecer e aproveitar as oportunidades no mundo físico. É a mente treinando o corpo para a realidade que se deseja manifestar.

Ação inspirada e alinhada

Manifestar não é apenas se sentar e esperar. É a união do trabalho interno com o movimento externo. Uma vez que a mente está reprogramada e a realidade desejada está clara e sentida, a ação se torna um fluxo natural, quase inevitável. Comecei a agir como se a realidade que eu visualizava já fosse verdade. Se eu visualizava uma empresa próspera, agia com a confiança de uma empresária próspera. Eu tomava decisões alinhadas com essa visão. Se eu visualizava um relacionamento saudável e feliz, agia com amor e paciência, investindo na relação. Essa ação não é forçada, mas inspirada. É o universo respondendo ao seu novo alinhamento vibracional e abrindo portas e oportunidades que antes não eram visíveis. É a fé em movimento, como diz a Bíblia: "a fé sem ações está morta".[21] A ação inspirada é a ponte entre o desejo e a realização que torna o sonho em um plano tangível. É quando a intuição se encontra com a oportunidade, e o universo conspira a seu favor.

Gratidão como catalisador

Martin Seligman, ensinando psicologia positiva, provou que a gratidão e a esperança aumentam a performance e o bem-estar.[22] A gratidão é um dos sentimentos de mais alta vibração. Quando comecei a focar no que eu tinha em vez do que me faltava, a minha energia mudou. Eu comecei a agradecer pelas pequenas vitórias, pela comida na mesa, pela saúde dos meus filhos, pelo sol que nascia. Essa mudança de foco elevou a minha frequência e abriu espaço para mais coisas boas entrarem na minha vida. A gratidão, segundo Seligman, não é apenas um sentimento passivo, mas uma prática ativa que fortalece a resiliência e o otimismo e cria um ciclo virtuoso de bem-estar e atração de mais motivos para ser grato. É o reconhecimento da abundância presente que abre as portas para uma abundância ainda maior.

A casa e o jardim

Ao reconhecer que minha mente era modelável, percebi que não estava condenada ao passado. O abuso, as doenças, as dívidas, o divórcio – nada disso precisava ser meu destino. Eu podia reconstruir a casa. Eu podia replantar o jardim.

Viver em uma mente doente é como morar em uma casa cheia de rachaduras. O vento entra, a chuva escorre, o medo de desmoronamento nunca permite descanso. Mas é possível reformar. Tijolo por tijolo, pensamento por pensamento. Até que, um dia, você acorda em uma casa firme e iluminada.

Sua mente é um jardim. Se não plantar nada, ervas daninhas crescem: medo, rejeição, escassez. Elas sufocam as flores do seu potencial. Mas, quando você decide plantar, regar e podar, o jardim floresce. Cada afirmação é

---

21 BÍBLIA. **Tiago 2:26.** Nova Tradução na Linguagem de Hoje (NTLH). Disponível em: www.bible.com/pt/bible/211/JAS.2.26.NTLH. Acesso em: 8 out. 2025.

22 SELIGMAN, M. **Felicidade autêntica.** Rio de Janeiro: Objetiva, 2019.

uma rega. Cada oração é um raio de sol. Cada visualização é uma poda que abre espaço para novas flores.

O poder de manifestar e reprogramar a sua realidade está em suas mãos. Não se trata de criar o que já existe, se trata de acessar e manifestar.

Exercícios práticos

Para que você possa cultivar seu jardim mental e manifestar a realidade que deseja, proponho os seguintes exercícios:

Afirmações de manifestação diária

Crie cinco afirmações positivas que representem a realidade que você deseja manifestar em sua vida (exemplo: "Minha saúde é vibrante e cheia de energia", "Eu atraio prosperidade e abundância em todas as áreas da minha vida", "Meu relacionamento é repleto de amor e cumplicidade"). Repita essas afirmações em voz alta, com emoção, ao acordar e antes de dormir. Sinta a verdade em cada palavra.

Roteiro da vida ideal (detalhado)

Pegue um caderno ou o bloco de notas do celular e escreva em detalhes como você deseja que sua vida seja daqui a cinco anos. Não economize nos detalhes: onde você mora, como é seu dia a dia, como se sente, como são seus relacionamentos, qual é o seu trabalho, quanto você ganha, como é sua saúde. Leia esse roteiro em voz alta diariamente, como se fosse um script da sua vida. Sinta as emoções que ele evoca.

Visualização sensorial e ativação arquetípica

Escolha um dos seus maiores desejos. Feche os olhos, respire fundo e imagine-se vivendo essa realidade hoje. Não apenas veja, mas sinta: qual o cheiro desse ambiente? Quais sons você ouve? Quais texturas você toca? Qual o gosto? E, o mais importante, qual a emoção que você sente ao viver essa realidade? Sinta essa emoção profundamente, como se ela já fosse real. O subconsciente grava a emoção mais do que a imagem. Enquanto visualiza, pergunte-se: "Qual arquétipo eu estou ativando ao viver essa realidade? É o Herói, a Rainha, o Sábio?". Sinta a força desse arquétipo em você.

Desafio para os próximos três dias

- **Dia 1:** Escreva três crenças que limitam sua vida hoje (exemplo: "Não sou criativa", "Não mereço ter muito dinheiro", "É tarde demais para mim"). Ao lado de cada uma, identifique qual arquétipo (Vítima, Órfão etc.) ela pode estar reforçando.
- **Dia 2:** Para cada crença limitante identificada no Dia 1, reescreva-a em forma de afirmação positiva e poderosa. Por exemplo: "Eu sou infinitamente criativa", "Eu sou digna de toda a riqueza e abundância", "Cada dia é uma nova oportunidade para mim". Ao reescrever, sinta a emoção da nova verdade e qual arquétipo (Herói, Sábio etc.) ela ativa.
- **Dia 3:** Grave um áudio com as suas novas afirmações positivas. Ouça esse áudio antes de dormir e ao acordar, permitindo que a sua voz, carregada de intenção e da energia dos arquétipos que você escolheu ativar, reprograme o seu subconsciente.

CAPÍTULO 6

CONEXÃO COM DEUS: A FONTE INABALÁVEL

Em um vale profundo, o vento ressoava uma frase de várias vozes. Não era possível ouvir de qualquer lugar, apenas da beirada do vale. Além de coragem, precisava de entrega real para conseguir escutar a frase, que significava uma busca ancestral, um anseio da alma de cada mulher. Uma pergunta silenciosa, mas poderosa: "Quem me segura?". Essa pergunta é o eco de feridas invisíveis, de vazios que tentamos preencher com validação externa, com conquistas, com relacionamentos que, por mais que amemos, não são capazes de nos dar a tão necessária base segura. É a busca por uma paternidade que, talvez, não tenhamos recebido.

A fome de pai: uma busca universal por segurança

A pergunta "Quem me segura?" não é apenas um lamento, mas uma manifestação profunda da nossa necessidade de uma base segura. Quase toda dor feminina tem um eco: a busca por uma figura paterna, por proteção. E, aqui, é crucial entender que essa "fome de pai" não se restringe a homens ou a relacionamentos amorosos, refere-se a uma função paterna - de provisão, segurança, orientação, validação - que pode ser projetada e buscada em diversas figuras ao longo da vida.

Meu pai sempre foi íntegro e trabalhador, mas também era evitativo: poucas palavras, afetos contidos. Logo, aprendi rápido que para não ser abandonada, precisava ser "boa", "autossuficiente", "a que não dá trabalho". Sem perceber, projetei essa busca em relacionamentos, em figuras de autoridade.

Não ocorreu comigo, mas muitas mulheres procuram também em amigos, sócios - e não somente do sexo masculino, qualquer figura arquetípica que transmita a elas (mesmo que de maneira ilusória) a segurança e a proteção desejadas - que as valide.

Quantas vezes, como mentora e terapeuta, ouço de mulheres que me veem como a mãe que não tiveram, ou os pais que lhes faltaram? Elas buscam em mim a orientação e o acolhimento que não encontraram em suas figuras parentais. A busca por essa base segura é universal, e a maneira como a preenchemos define grande parte da nossa jornada.

Importante lembrar: pessoas são falhas, e, por vezes, a nossa expectativa de preenchimento nelas pode gerar, inclusive, um peso que não lhes cabe.

O vazio que nos torna dependentes: a força da gravidade emocional

O vazio paterno não é uma frase de efeito; é uma força de gravidade que nos puxa para baixo e impacta todas as áreas da vida. Ele se manifesta de maneiras sutis, mas devastadoras, sugando nossa energia e nosso potencial.

No amor, nos faz aceitar migalhas porque achamos que "demais espanta". O medo do abandono nos leva a tolerar o intolerável, a nos anular para manter uma conexão, por mais frágil que seja. A mulher com essa ferida pode se tornar uma agradadora, buscando incessantemente a aprovação do parceiro, ou uma vítima, esperando ser resgatada. Ela se contenta com o mínimo, acreditando que não merece mais ou que o amor é sempre condicional e doloroso.

No dinheiro, sussurra que prosperar sem a "permissão" de alguém é perigoso. A crença de que não somos dignas de abundância, ou que o sucesso nos afastará do amor e da proteção, nos sabota financeiramente. A hiper-realizadora pode trabalhar exaustivamente para provar seu valor, mas nunca se sente de fato merecedora da riqueza, vivendo em um ciclo de esforço sem desfrute. Esse vazio pode levar a uma lealdade inconsciente à escassez familiar, na qual a culpa por ter mais do que os pais impede o florescimento financeiro.

Na autoestima, se instala a pergunta crônica: "sou o suficiente?". A falta de uma base segura interna nos torna dependentes da aprovação externa, da validação alheia para nos sentirmos completas. E, assim, acabamos sofrendo de síndrome da impostora: mesmo com conquistas, sentimos que não somos boas o bastante e passamos a buscar a perfeição de modo incessante para evitar críticas.

Esse vazio fabrica comportamentos de sobrevivência: agradar para ser aceita, controlar para não ser deixada, hiper-realizar para merecer amor.

**Cada ferida
é um convite à fé,
não um atestado
de fraqueza.**

*Seja forte, corajosa,
invencível, imbatível
@keniagama*

Essas vozes internas querem nos convencer de que precisamos nos diminuir, nos esconder ou nos esforçar além do limite para sermos dignas.

A questão é que, independentemente de qualquer coisa, somos dignas. E Deus nos mostra isso.

Deus-Pai: segurança inabalável

A minha cura começou quando parei de procurar em figuras humanas o que só Deus pode oferecer. Deus não é apenas Criador; Ele é Pai. Presença, paternidade, proteção. Um Pai que não abandona, não se cala, não se ausenta. Essa conexão me deu a base segura que eu nunca tive e que sequer sabia que precisava.

Engraçado que, apesar de minha relação com Deus como Senhor, Criador e Juiz sempre ter sido próxima, eu ainda não o havia buscado como Pai. Quando me aprofundei nesse novo relacionamento com Ele, percebi em oração: Alguém permanece. Não era uma presença intermitente ou condicional, mas uma rocha firme em meio às tempestades. E nas Escrituras, na Palavra de Deus, encontrei tudo quanto o que meu coração precisava: adoção, herança, descanso – promessas vivas que ressoavam na minha alma, preenchendo o vazio que eu carregava.

A seguir, compartilho alguns versículos que me tocaram profundamente.

"Ainda que o meu pai e a minha mãe me abandonem, o Senhor cuidará de mim." – Salmos 27:10

"Eu sou a videira, e vocês são os ramos. Quem está unido comigo e eu com ele, esse dá muito fruto porque sem mim vocês não podem fazer nada." – João 15:5[23]

"Porque o Espírito que vocês receberam de Deus não torna vocês escravos e não faz com que tenham medo. Pelo contrário, o Espírito torna vocês filhos de Deus; e pelo poder do Espírito dizemos com fervor a Deus: 'Pai, meu Pai!'." – Romanos 8:15[24]

---

23 BÍBLIA. **João 15:5.** Nova Tradução na Linguagem de Hoje (NTLH). Disponível em: www.bible.com/pt/bible/211/JHN.15.5. Acesso em: 8 out. 2025.

24 BÍBLIA. **Romanos 8:15.** Nova Tradução na Linguagem de Hoje (NTLH). Disponível em: www.bible.com/pt/bible/211/ROM.8.15. Acesso em: 8 out. 2025.

"Por isso eu digo a vocês: não se preocupem com a comida e com a bebida que precisam para viver nem com a roupa que precisam para se vestir. Afinal, será que a vida não é mais importante do que a comida? E será que o corpo não é mais importante do que as roupas?" – Mateus 6:25[25]

Outra mudança sentida foi que me libertei daquela tensão de sempre vigiar para não correr o risco de ser rejeitada. Quando louvo a Deus, eu choro e choro e choro. Para Ele, eu posso chorar, posso ser frágil, posso ser vulnerável, posso contar minhas dores, posso pedir: "Me dá colo, Pai?!".

Minha identidade e postura também mudaram. Não sou uma mulher tentando ser escolhida; sou filha já escolhida. Essa certeza inabalável de pertencimento e valor intrínseco me libertou da busca incessante por aprovação externa, permitindo-me construir uma autoimagem sólida e autêntica. A necessidade de agradar a todo custo deu lugar à firmeza de quem conhece seu valor. Os limites, que abordaremos no próximo capítulo, tornaram-se claros e inegociáveis, não por rigidez, mas por amor-próprio e respeito.

E, claro, as minhas relações passaram por transformações. A paternidade de Deus se tornou meu padrão de segurança – e meu critério de escolha. Comecei a atrair relacionamentos mais saudáveis e a me afastar daqueles que drenavam minha energia, pois a fonte de segurança já não era mais externa, mas interna e divina.

Paternidade e teoria do apego aplicada à fé: reparentalização espiritual

Como já mencionei, a Teoria do Apego de Bowlby[26] nos mostrou que nossos modelos internos de funcionamento – ou seja, as crenças e expectativas que temos sobre nós mesmas e sobre os outros em relacionamentos – são formados na infância. Se o cuidador é presente, previsível e responsivo, desenvolvemos um apego seguro, acreditando que somos dignos de amor e que o outro é confiável. Se o amor é intermitente, frio, distante ou rejeitador,

25 BÍBLIA. **Mateus 6:25.** Nova Tradução na Linguagem de Hoje (NTLH). Disponível em: https://www.bible.com/pt/bible/211/MAT.6.25. Acesso em: 8 out. 2025.

26 BOWLBY, J. *op. cit.*

desenvolvemos estratégias de sobrevivência como o apego ansioso, evitativo ou desorganizado. Esses padrões se tornam lentes através das quais enxergamos todas as nossas relações, inclusive com o dinheiro, o sucesso e a própria espiritualidade.

Esses modelos internos, porém, não são sentenças; podem ser atualizados. Relacionar-se com Deus como Pai funciona como uma reparentalização espiritual, com Ele se tornando a base segura de que sentimos falta na infância e, assim, preenchendo os vazios deixados por outras experiências.

Nesse contexto, as práticas espirituais regulares - como oração, leitura da Bíblia, comunhão e adoração - fornecem a previsibilidade, o cuidado e a correção amorosa essenciais para a construção de um apego seguro. É um processo ativo de reeducação do subconsciente, em que a repetição intencional da verdade divina sobre quem somos e o quanto somos amadas começa a reescrever os antigos roteiros.

O apego ansioso, que busca constantemente provas de amor e teme o abandono, finalmente aprende a constância. Ele ouve em seu coração: "Eu nunca deixarei você". A ansiedade diminui porque a fonte de segurança é inabalável, e a necessidade de validação externa perde força. A mulher ansiosa, antes refém do medo de perder, encontra a liberdade de ser quem é, sem precisar se esforçar para ser amada.

O apego evitativo, que aprendeu a não precisar, a não sentir para não sofrer, começa a se permitir mostrar suas vulnerabilidades e a encontrar acolhimento em vez de julgamento. A armadura se desfaz diante de um amor que não sufoca, mas liberta, permitindo que a mulher se conecte profundamente sem medo de ser ferida. Ela aprende que vulnerabilidade, quando em um ambiente seguro, é força, não fraqueza.

O apego desorganizado, que vive na montanha-russa entre o desejo e o medo, encontra estabilidade divina: "Minha presença não é caótica. Eu sou a Rocha". E isso acalma a turbulência interna, oferecendo um porto seguro para a confusão emocional. Essa mulher passa a encontrar a paz de um amor constante.

Tendo o divino como base segura, somos capazes de reescrever os roteiros inconscientes que ditavam nossa realidade. E, assim, curadas, estamos livres para viver em plenitude.

A cura começou quando parei de procurar em figuras humanas o que só Deus pode dar.

Seja forte, corajosa, invencível, imbatível

@keniagama

Histórias que curam: da ferida à força divina

Lembro-me de um culto simples, sem luzes dramáticas. Enquanto todos cantavam, uma frase se instalou em meu íntimo exausto, como quem puxa uma cadeira e se senta: "Você não precisa merecer aquilo que já é seu". Bastou. Chorei sem elegância. Nesse momento, o Pai deixou de ser doutrina e virou casa. Não era mais um conceito distante, mas uma presença acolhedora. A verdade do amor incondicional havia penetrado as camadas de dor e esforço que eu construíra.

Nas semanas seguintes, comecei a dizer "não" para situações em que antes dizia "sim" para não ser rejeitada. E, curiosamente, as portas certas se abriram. Essa foi a virada de chave que me permitiu, por exemplo, começar a construir o Mulher Brilhante, apesar de todos os medos e as incertezas.

Não só a minha história mostra como a conexão com a Fonte Inabalável transforma vidas, mas também as histórias de alunas. Vou compartilhar algumas com você, mas usando pseudônimos.

Bianca foi deixada pelo pai aos quatro anos. Anos depois, vivia presa a relacionamentos com "homens invisíveis", buscando a atenção e a validação que lhe faltaram na infância. Trabalhamos juntas diário de oração e afirmações bíblicas, colocando o foco em sua identidade de filha amada. O primeiro "não" que Bianca disse a um desses relacionamentos tóxicos doeu como ruptura, mas foi parto. Ela descobriu que o amor de Deus preenchia o vazio que nenhum homem poderia preencher, libertando-a para construir relações baseadas em reciprocidade e respeito.

Renata, empresária, sempre pedia licença para prosperar. Seu gatilho era a frase: "Não vá longe demais", uma lealdade inconsciente à escassez familiar que a impedia de expandir seus negócios. Meditando no conteúdo de Mateus 6 e João 15, ela deslocou o "ter que provar" para o "permanecer para frutificar", e entendeu que sua prosperidade não tirava nada de ninguém, mas glorificava a Deus. Essa verdade lhe permitiu crescer sem culpa e usar sua riqueza para impactar positivamente a vida de muitos.

Larissa conviveu com um pai crítico. Qualquer correção soava como uma condenação, gerando nela um medo paralisante de errar e uma constante busca por perfeição. Trocamos a lente: correção amorosa não é rejeição, é cuidado. Por meio de práticas de exame diário, ela aprendeu que a orientação construtiva, vinda de um lugar de amor, não diminuía seu valor, mas a impulsionava ao crescimento, fortalecendo sua resiliência e autoconfiança.

Metáforas da presença: imagens de uma conexão inabalável

Podemos compreender a presença divina em nossa vida por meio de metáforas poderosas, que nos ajudam a internalizar essa conexão profunda. Vamos analisar algumas.

A videira e o galho (João 15): O galho não "faz força" para produzir uvas, ele permanece, e a seiva se encarrega do resto. Assim, conexão gera fruto, e a desconexão, secura. A verdadeira produtividade e a plenitude não vêm do esforço solitário e exaustivo, mas da permanência em uma fonte de vida que nos nutre e nos capacita. É um convite a soltar o controle e confiar no fluxo, permitindo que a vida divina opere por nosso intermédio.

O farol na tempestade: O mar muda, o vento muda, as ondas ameaçam – o farol não. Ele não discute com a água; ele permanece aceso. A presença de Deus é esse farol que nos guia e nos mantém firmes, mesmo nas maiores crises. Ele não elimina as tempestades da vida, mas nos oferece uma luz constante e uma direção segura, impedindo que nos percamos na escuridão do medo e da incerteza. Deus fará como escrito em Isaías 42:16: "Guiarei os cegos por um caminho que não conhecem, por uma estrada que eles nunca pisaram antes. A escuridão que os cerca eu farei virar luz e aplanarei os caminhos ásperos. São estas as minhas promessas, e eu as cumprirei sem falta".[27]

A casa e o jardim: A paternidade de Deus é o alicerce da casa e a água do jardim. Sem alicerce, qualquer parede racha. Sem água, até semente boa desiste. Como já vimos, nossa mente é um jardim, e a conexão com Deus é a água que o faz florescer. É a base sólida sobre a qual construímos nossa vida, e a nutrição constante que permite que nossos sonhos e potenciais germinem e deem frutos. Sem essa base, nossa estrutura interna se torna frágil e vulnerável a qualquer abalo.

---

27 BÍBLIA. **Isaías 42:16.** Nova Tradução na Linguagem de Hoje (NTLH). Disponível em: https://www.bible.com/pt/bible/211/ISA.42.16. Acesso em: 8 out. 2025.

Inteligência relacional e a conexão divina

A conexão com Deus, como uma base segura, nos permite desenvolver a inteligência relacional de maneira mais autêntica, uma vez que sabemos que somos amadas incondicionalmente, então não precisamos buscar validação externa ou temer a rejeição. Isso nos liberta para sermos mais vulneráveis, mais empáticas e mais assertivas, construindo pontes em vez de muros. Essa segurança interna nos permite ver o outro com mais clareza, sem as projeções das nossas próprias feridas, e a interagir de modo mais genuíno e construtivo.

Como Deus muda o cérebro

A ciência comprova o que a fé já sabia: práticas espirituais ativam circuitos de calma e conexão no cérebro, reduzem a reatividade da amígdala e aumentam a atividade do córtex pré-frontal, responsável pela razão, tomada de decisões e regulação emocional. A neuroplasticidade, que já abordamos, explica: aquilo que repetimos vira trilha preferencial. Repetir "vou perder" cria sinapses de perda. Repetir "Ele está comigo" cria sinapses de presença.

Com o tempo, a emoção ainda visita, mas já não manda. A mente aprende a permanecer – e o corpo descansa. Estudos de Richard Davidson,[28] por exemplo, mostram como a meditação e práticas contemplativas (muito semelhantes a práticas espirituais) podem alterar a estrutura cerebral, aumentando a massa cinzenta em áreas associadas à atenção e à regulação emocional, e diminuindo a densidade da amígdala. A liberação de neurotransmissores como a oxitocina (hormônio do vínculo e da confiança) e a dopamina (associada ao prazer e à recompensa) durante experiências espirituais e de conexão social reforça a sensação de bem-estar e segurança.

Além disso, a Teoria Polivagal, de Stephen Porges,[29] oferece uma perspectiva neurofisiológica sobre como a sensação de segurança (ou

---

28 DAVIDSON, R. J. **The Emotional Life of Your Brain:** How Its Unique Patterns Affect the Way You Think, Feel, and Live--and How You Can Change Them. Nova York: Avery, 2012.

29 PORGES, S. W. **The Polyvagal Theory:** Neurophysiological Foundations of Emotions, Attachment, Communication, and Self-regulation. Nova York: W. W. Norton & Company, 2011.

a falta dela) afeta nosso sistema nervoso autônomo. Quando nos sentimos seguros (um estado que a conexão com Deus pode proporcionar), ativamos o ramo ventral do nervo vago, que promove estados de calma, engajamento social e resiliência. Em contraste, a ausência de segurança pode ativar respostas de luta, fuga ou congelamento, impactando nossa saúde física e mental. Assim, a fé, ao criar um senso de segurança inabalável, é capaz de reajustar nosso sistema nervoso para um estado de maior bem-estar, permitindo-nos viver com mais paz e menos reatividade ao estresse.

Limites, valores e amor que não adoece: a proteção divina

Amor sem limites vira confusão; limites sem amor viram dureza. Em Deus, aprendemos ambos: ternura e verdade. A ausência de limites claros em nossas vidas pode nos levar a uma constante exaustão, a relacionamentos tóxicos e à anulação de nossa própria identidade.

As feridas de humilhação e traição, quando tratadas pela conexão com a Fonte Inabalável, geram um fruto precioso: a capacidade de estabelecer limites claros e valores inegociáveis, que funcionam como uma "vacina" para essas mesmas feridas. O princípio da sabedoria é não precisar aprender pela dor, mas pela clareza e pela proteção que esses limites oferecem.

Perceba: não é sobre ser inflexível, mas sobre ser íntegra, alinhada com os valores que a conexão com Deus nos revela. É a liberdade de ser autêntica, de honrar a si mesma e de construir relações baseadas em respeito mútuo, sabendo que seu valor não depende da aprovação alheia, mas da sua conexão com a Fonte Inabalável.

Práticas espirituais: cultivando raízes profundas

A vida espiritual não é apenas crença, mas prática diária. É como cultivar um jardim: não basta ter sementes, é preciso regar, podar, proteger. As cinco práticas a seguir são o alicerce da mulher inabalável, pois permitem viver em intimidade com Deus e consolidar a identidade de filha.

Diário de oração

O diário é o lugar onde a alma conversa com o Pai. Ao escrever, você registra não apenas pedidos, mas também respostas. É a oportunidade de distinguir sua voz interior da voz amorosa de Deus. Essa prática, além de fortalecer a conexão espiritual, funciona como uma ferramenta de autorreflexão e processamento emocional, similar à terapia da escrita, em que pensamentos e sentimentos são organizados e compreendidos, reduzindo a ruminação e a ansiedade. Escrever para Deus é um ato de vulnerabilidade e confiança, que permite externalizar medos e esperanças, e receber insights que parecem vir de uma fonte superior, mas que, na verdade, ativam a sabedoria inata que reside em nós.

> *Como praticar: Escreva todos os dias uma carta a Deus contando como está, o que teme, o que deseja. Depois, feche os olhos, respire e anote o que vier ao coração como resposta do Pai. Essa é a "voz do Pai" registrada em sua vida.*

Lectio divina

Lectio divina significa "leitura divina". Não é leitura intelectual, mas espiritual – a palavra que desce do texto para o coração. Essa prática ativa o córtex pré-frontal e áreas cerebrais ligadas à empatia e à compreensão narrativa, permitindo que a sabedoria ancestral se torne pessoal e transformadora. Ao ler e meditar nas escrituras, você não apenas absorve informações, mas permite que a Palavra de Deus se torne viva em seu interior, moldando suas crenças e seus valores. É um diálogo profundo no qual a mente se acalma e o espírito se nutre, oferecendo uma perspectiva divina para os desafios do dia a dia.

> *Como praticar: Escolha um trecho da Bíblia, leia lentamente e repita algumas vezes. Pergunte-se: "O que essa palavra diz para mim hoje?". Não se trata de decorar, mas de permitir que a Palavra molde sua alma.*

Oração de reentrega paterna

Todas carregamos feridas de paternidade: ausências, rejeições, exigências. A oração de reentrega paterna é um ato de (re)colocar o coração nas mãos do

Pai verdadeiro. É um processo de reparação simbólica e reprogramação do apego, em que a figura divina oferece o que faltou na experiência humana. Ao entregar essas dores e expectativas a Deus, você se liberta do peso de tentar preencher um vazio que só Ele pode suprir, permitindo que a cura comece e que um novo modelo de apego seguro se estabeleça em seu interior.

> *Como praticar: Em oração, diga: "Pai, eu te entrego de novo meu coração, minhas dores, minhas lembranças. Eu não dependo mais da validação humana para saber que sou amada. Sou sua filha, protegida e escolhida".*

Exame diário

Ao final do dia, a prática é olhar para trás não com culpa, mas com consciência. É trazer luz sobre o que foi vivido. Essa prática, semelhante à terapia cognitivo-comportamental e ao mindfulness, ajuda a identificar padrões de pensamento, a cultivar a gratidão e a planejar ações futuras de modo mais intencional. Ao revisar o dia, você se torna uma observadora de si mesma, aprendendo com seus acertos e erros, e fortalecendo a capacidade de viver de maneira mais consciente e alinhada com seus valores. É um momento de autoavaliação e ajuste de rota, essencial para o crescimento contínuo.

> *Como praticar: Antes de dormir, feche os olhos e pergunte: onde percebi a presença de Deus hoje? Onde eu me afastei dEle? O que quero entregar e o que quero repetir amanhã? Esse exame é como a luz suave da tarde que ilumina antes da noite.*

Bênção de filha

A identidade se fortalece quando é declarada. A bênção de filha é o ato de afirmar, em voz alta, quem você é diante de Deus. Essa autoafirmação verbal e corporal ativa o sistema de recompensa do cérebro, reforçando a autoestima e a autoconfiança, e criando novas trilhas neurais de identidade positiva. Ao declarar sua identidade como filha amada, escolhida e protegida, você reprograma seu subconsciente, substituindo crenças limitantes por verdades empoderadoras. É um ato de fé e de poder pessoal, que alinha seu espírito, sua mente e seu corpo com a plenitude que lhe é de direito.

> *Como praticar: Todos os dias, coloque a mão sobre o coração e declare: "Eu sou filha amada de Deus. Sou escolhida, cuidada e protegida. Minha vida tem propósito, e nada pode mudar isso". Essa declaração em voz alta reprograma a mente e alinha o espírito.*

Exercícios práticos

Metáforas visuais: círculo da paternidade

Imagine um círculo. No centro, você. Ao redor, as figuras que representaram a paternidade em sua vida – talvez seu pai biológico, um avô, um professor, um chefe, ou até mesmo uma amiga que exerceu um papel de proteção e orientação. Agora, imagine um círculo maior, envolvendo todos esses, e no centro desse círculo maior, a figura de Deus como Pai. Essa imagem visualiza a hierarquia da segurança e a amplitude do amor divino, que abarca e transcende as experiências humanas. Ela nos mostra que, por mais imperfeitas que tenham sido as paternidades humanas, existe uma Fonte Inabalável de amor e segurança que pode preencher todas as lacunas e nos oferecer a base mais sólida para a vida.

Desafio para os próximos três dias

- **Dia 1 – Permanecer:** Pratique a *Lectio divina* em João 15:5. Pense em "Quando eu permaneço..." e escreva em seu diário como a permanência na Fonte pode transformar uma área de sua vida onde você se sente exausta por "fazer força". Observe como a confiança na seiva divina pode aliviar a pressão de ter que "dar conta de tudo" sozinha.
- **Dia 2 – Reentrega:** Escreva uma carta ao seu pai terreno (se aplicável), expressando seus sentimentos (gratidão, dor, perdão). Não é sobre julgar, mas sobre liberar. Em seguida, faça a Oração de Reentrega Paterna, entregando a Deus todas as expectativas e feridas relacionadas à paternidade humana. Sinta o alívio de depositar esse peso em uma Fonte Inabalável de amor.

✦ **Dia 3 – Bênção:** Grave um áudio com a Bênção de Filha e ouça ao acordar e antes de dormir. Sinta cada palavra e observe como sua postura e seu estado emocional se transformam ao declarar sua identidade. Perceba como essa autoafirmação fortalece sua autoestima e sua capacidade de se posicionar no mundo.

CAPÍTULO 7

O PODER DOS LIMITES E DOS VALORES INABALÁVEIS

Havia na antiguidade uma crença arraigada de que a força residia na perfeição, na ausência de falhas, na capacidade de suportar tudo em silêncio. As heroínas das histórias eram sempre imbatíveis, inatingíveis, sem lágrimas ou medos. Elas tinham características igualadas aos heróis (masculinos) e não se levava em consideração as diferenças óbvias.

Essa narrativa, repetida por gerações, moldou o modo como muitas mulheres se viam e se apresentavam ao mundo, construindo muralhas de invencibilidade para proteger um interior que, paradoxalmente, se tornava cada vez mais frágil. Eu mesma, por muito tempo, fui essa mulher, vestindo uma armadura pesada que, em vez de me proteger, me sufocava. Mas a vida, em sua sabedoria implacável, me ensinou que a verdadeira força não está em nunca cair, mas em ter a coragem de se levantar, mesmo com as marcas da queda. E, mais ainda, em ter a ousadia de mostrar essas marcas, transformando-as em pontes de conexão.

Limites como expressão de amor e a síndrome da Mulher-Maravilha

Durante muito tempo, confundi amor com ausência de fronteiras. Eu acreditava que ser "boa" era aceitar tudo, resolver até o que não era problema meu, carregar fardos alheios. Era como se a minha capacidade de amar fosse medida pela minha disponibilidade ilimitada para o outro, pela minha ausência de "nãos". A síndrome da Mulher-Maravilha. Essa crença, enraizada em feridas de rejeição e abandono, me levava a uma constante anulação, na qual a voz do outro sempre parecia mais importante que a minha. Eu me via como um rio sem margens, transbordando para todos os lados, mas perdendo a própria essência e direção.

Aprendi, porém, que amor sem limite vira prisão; limite sem amor vira dureza. O verdadeiro amor inclui fronteiras. É dizer: "Eu me amo o suficiente para não permitir que invadam aquilo que Deus plantou em mim". Um rio sem margens não é liberdade, é inundação. Uma vida sem limites não é amor, é anulação. É a compreensão de que, para amar verdadeiramente o outro, primeiro precisamos nos amar e nos respeitar, protegendo nossa energia, nosso tempo, nossos valores e nossa paz.

A passagem de Mateus 5:37[30] – "Que o 'sim' de vocês seja sim, e o 'não', não"–, tão simples e direta, carrega grande profundidade sobre a integridade e a clareza que devemos ter em nossas palavras e ações. É um convite à autenticidade, na qual nossas intenções nossas manifestações estão alinhadas. Estabelecer limites é um ato de clareza e honestidade conosco e com o outro. É comunicar o que é aceitável e o que não é, o que nos nutre e o que nos drena. Sem essa clareza, vivemos frustrados, acumulando ressentimentos que corroem a base de qualquer relacionamento.

O preço de não ter limites: a erosão silenciosa da alma

Durante muito tempo, bati no peito, dizendo: "Deixa comigo que resolvo!". E paguei caro por isso, embora só tenha percebido o quanto aos poucos. A ausência de limites não é uma queda abrupta, mas uma erosão silenciosa, um gotejamento constante que, com o tempo, esvazia a alma.

A exaustão foi a primeira cobrança a chegar: eu tentava dar conta de tudo, como se fosse possível abraçar o mundo. Cada nova tarefa era um tijolo a mais na muralha que me separava de mim mesma. Eu me sentia como uma Hiper-realizadora em *overdrive*, buscando validação no fazer até o esgotamento físico e mental. Lembro-me de noites em que, exausta, me forçava a trabalhar mais uma hora, sentindo que, se parasse, não seria "boa o suficiente", como se o descanso fosse um luxo ao qual eu não tinha direito.

A culpa, silenciosa e insistente, me acompanhava em cada recusa que eu sequer ousava pronunciar. Dizer "não" parecia um ato de egoísmo, uma falha

---

30 BÍBLIA. **Mateus 5:37.** Nova Tradução na Linguagem de Hoje (NTLH). Disponível em: www.bible.com/pt/bible/211/MAT.5.37.NTLH. Acesso em: 8 out. 2025.

de caráter ou até mesmo de incompetência. Por isso, eu sempre cedia, mesmo quando tudo dentro de mim gritava por limites. Essa culpa, alimentada pelo sabotador Agradadora, me mantinha presa em um ciclo de autoanulação, no qual a necessidade de ser querida superava a de ser autêntica.

Além disso, ficar doente pela sobrecarga fazia as pessoas me olharem. Bingo! Minha criança interior só fortalecia a crença de que eu deveria chamar a atenção para me enxergarem, me amarem, me acolherem.

No meio desse turbilhão, perdi muito mais do que tempo e energia. Permiti abusos sutis em relações que deveriam ser de troca e respeito. Mantive amizades que, em vez de me fortalecer, me drenavam, sugando a minha vitalidade. Foram perdas profundamente sentidas, mas silenciosas. E só quando percebi esses vazios compreendi: viver sem limites é aceitar pequenas mortes diárias de si mesma. Você acaba se diluindo até não reconhecer mais quem é.

Vi esse mesmo processo em muitas alunas. Uma delas suportou traições durante anos, acreditando que, se fosse "boa o suficiente", ele mudaria. Ela se anulava, perdendo a própria voz e dignidade, até que a dor se tornou insuportável. A ausência de limites a manteve presa em um ciclo de esperança vã e sofrimento.

Outra, excelente profissional, continuava em um emprego tóxico porque temia não encontrar nada melhor. O medo da escassez e da rejeição a mantinha presa em um ambiente que corroía sua alma e sua saúde. Ela sacrificava sua paz e seu bem-estar por uma falsa segurança.

Uma mãe, esgotada, fazia tudo sozinha até aprender a delegar. Ao colocar limites, fortaleceu os vínculos familiares, pois a qualidade do tempo com os filhos e o marido melhorou. Ela descobriu que o "não" para o excesso de tarefas era um "sim" para sua família e para si mesma.

Entenda: sem limites, não há amor-próprio. Sem valores, não há identidade. A ausência de limites é um convite à invasão, à desvalorização e, em última instância, à perda de si mesma. É um caminho que nos afasta da plenitude e da vida inabalável que merecemos.

O Mestre dos limites

Jesus, ao longo de sua caminhada, foi o maior exemplo de alguém que compreendia e praticava limites saudáveis. Em meio às multidões que o buscavam, aos pedidos incessantes e às expectativas depositadas sobre seus ombros, ele sabia a hora de se retirar. Não era fuga, mas escolha consciente: Jesus afastava-se para orar, mesmo quando todos o procuravam, como relata Lucas 5:16. Era nesse silêncio, longe do burburinho, que ele renovava suas forças e alinhava seu propósito. Ele demonstrava que, para servir ao mundo, primeiro precisamos nos nutrir e nos conectar com a Fonte, estabelecendo um limite sagrado para sua própria recarga.

Diante das provocações, Jesus também demonstrava discernimento. Não se deixava arrastar por discussões vazias ou palavras que nada acrescentavam. Em Lucas 23:9, vemos que ele escolheu o silêncio diante de perguntas e provocações que não edificavam, o que me sugere que nem toda resposta precisa ser dada, nem todo confronto precisa ser enfrentado. Ele sabia o valor do seu tempo e da sua energia, e não os desperdiçava em batalhas infrutíferas. Essa capacidade de discernir o que é essencial e o que é distração é um limite poderoso que nos protege do esgotamento e nos mantém focadas no que realmente importa.

No deserto, quando confrontado pelo inimigo, Jesus foi firme. Disse "não" às tentações, recusou propostas que contrariavam sua missão e seus valores, como narra Mateus 4.[31] Ele não negociou princípios, não abriu mão do que acreditava, mesmo diante da fome, do cansaço e da solidão. Assim, Jesus nos ensina que estabelecer limites não é sinal de fraqueza, mas de sabedoria e amor-próprio, um convite para que também aprendamos a cuidar de nós mesmas sem perder de vista aquilo que de fato importa.

Há uma passagem do apóstolo Paulo, em 1 Coríntios 6:12,[32] da qual gosto muito: "'Tudo me é permitido', mas nem tudo convém". Esse versículo nos lembra de que a liberdade não é ausência de regras, mas a capacidade de escolher o que nos edifica e o que nos afasta do nosso propósito.

Limites são como muros de um jardim: não aprisionam, mas protegem o que floresce dentro. Eles definem o espaço sagrado da nossa alma, onde nossos valores e sonhos podem crescer sem serem pisoteados ou invadidos. São as fronteiras invisíveis que garantem a integridade do nosso ser, permitindo que nossa energia seja direcionada para as demandas que de fato são nossas.

---

31 BÍBLIA. **Mateus 4.** Nova Tradução na Linguagem de Hoje (NTLH). Disponível em: www.bible.com/pt/bible/211/MAT.4.NTLH. Acesso em: 11 out. 2025.

32 BBÍBLIA. 1 **Coríntios 6:12.** Nova Versão Internacional (NVI). Disponível em: www.bible.com/pt/bible/129/1CO.6.12. Acesso em: 11 out. 2025.

Valores e motivadores: a axiologia da essência e o eneagrama da alma

Os nossos valores são como raízes, sustentam quem somos, mesmo quando ninguém os vê. Eles são a bússola interna que nos guia, os princípios inegociáveis definidores de nossa essência. Mas, assim como uma árvore precisa de água para crescer, nossos valores também precisam ser alimentados. É aí que entram os motivadores, que irrigam essas raízes e dão força para florescerem em atitudes e escolhas. Se rompemos os valores, rompemos os motivadores.

Para aprofundar essa compreensão, podemos recorrer à Axiologia,[33] o ramo da filosofia que estuda a natureza dos nossos valores, nos ajudando a entender por que são importantes para nós e como influenciam nossas decisões e percepções. Ela explora a hierarquia dos valores, mostrando que nem todos têm o mesmo peso em nossa vida, e que essa hierarquia é fundamental para a clareza de nossos limites.

Segundo Eduard Spranger,[34] um renomado filósofo e psicólogo, os valores podem ser classificados em sete tipos fundamentais, representando as principais orientações da personalidade humana. Listo-os a seguir.

Valor teórico

A busca incessante pela verdade, pelo conhecimento e pela compreensão. Pessoas com forte valor teórico são motivadas pela lógica, pela razão e pela descoberta. Elas estabelecem limites para proteger seu tempo de estudo e reflexão, buscando ambientes que estimulem o intelecto.

Valor econômico

A busca pelo útil, pelo prático, pelo que gera riqueza, eficiência e produtividade. Pessoas com esse valor são motivadas por resultados tangíveis, por otimizar recursos e por alcançar a prosperidade. Seus limites são definidos para proteger seus investimentos de tempo e dinheiro, focando no que traz

---

33 HARTMAN, R. S. **The Structure of Value:** Foundations of Scientific Axiology. Illinois: Southern Illinois University Press, 1967.

34 SPRANGER, E. **Types of Men:** The Psychology and Ethics of Personality. Max Niemeyer Verlag, 1928.

retorno e sustentabilidade. São pessoas que pensam em metade do esforço com o dobro da performance.

Exemplo: Dizer "não" a um projeto que, embora interessante, não apresenta um retorno financeiro claro ou uma estratégia de crescimento bem definida, pois a viabilidade econômica é primordial.

Valor estético

A busca pela beleza, pela harmonia, pela forma e pela experiência sensorial. Pessoas com esse valor são motivadas pela apreciação da arte, da natureza e de tudo que evoca sensações agradáveis. Seus limites são estabelecidos para proteger sua sensibilidade e seu espaço criativo, evitando ambientes ou situações que considerem feias, desarmônicas ou que perturbem sua paz interior.

Exemplo: Recusar-se a trabalhar em um ambiente desorganizado e visualmente poluído, ou priorizar um tempo para visitar uma exposição de arte em detrimento de uma tarefa menos inspiradora, pois a beleza é um alimento para a alma.

Valor social/altruísta

A busca pelo amor, pela conexão, pelo serviço ao próximo e pela empatia. Pessoas com esse valor são motivadas por ajudar os outros, construir relacionamentos significativos e contribuir para o bem-estar coletivo. Para elas, a fé pode se manifestar no serviço e na compaixão. Seus limites são definidos para proteger sua energia de doação, aprendendo a dizer "não" para evitar o esgotamento e garantir que sua ajuda seja genuína, sustentável e eficaz.

Exemplo: Estabelecer um limite de horas para o voluntariado, garantindo que ainda tenha tempo e energia para cuidar de si mesma e de sua família, evitando a sobrecarga e o ressentimento.

Valor político

A busca pelo poder, pela influência, pela liderança e pela organização. Pessoas com esse valor são motivadas por impactar o mundo, liderar e ter controle sobre as situações. Seus limites são estabelecidos para proteger sua autoridade e sua capacidade de decisão, evitando ser manipulada ou ter sua liderança questionada sem fundamento, e buscando sempre a eficiência na gestão.

Exemplo: Recusar uma proposta na qual sua voz não terá peso nas decisões, ou delegar tarefas para focar em estratégias de maior impacto e influência, pois seu tempo é valioso para a liderança.

Valor regulador/tradicional

A busca pela ordem, pela segurança, pelas regras, pela tradição e pela estabilidade. Pessoas com esse valor são motivadas por manter a estrutura, seguir normas e garantir a previsibilidade. Seus limites são definidos para proteger a ordem estabelecida, evitando mudanças abruptas ou situações que ameacem a segurança e a tradição. Buscam isonomia e cumprir as regras e os combinados.

Exemplo: Insistir em seguir um protocolo estabelecido em um projeto, mesmo que haja pressão para improvisar, ou defender a manutenção de uma tradição familiar importante, pois a estabilidade é um pilar fundamental.

Valor individualista

A busca pela singularidade, pela autoexpressão, pela liberdade pessoal e pela autonomia. Pessoas com esse valor são motivadas por serem autênticas, por se destacarem e por viverem de acordo com as próprias regras. Seus limites são estabelecidos para proteger sua individualidade e sua liberdade de escolha, recusando-se a se conformar a padrões que não ressoam com sua essência.

Exemplo: Recusar uma oportunidade de trabalho que exija conformidade excessiva ou que não permita a expressão de sua criatividade, priorizando sua autenticidade e autonomia.

Ao compreender a natureza de nossos valores, ganhamos clareza sobre o que é verdadeiramente inegociável para nós, e isso se torna a base para limites firmes e autênticos. Entretanto, é importante deixar claro que as outras pessoas também têm os próprios valores e que não há certo e errado – aí o termo *fit cultural*, aliás.

Para nos aprofundarmos ainda mais na compreensão de como valores e motivações se entrelaçam com nossos comportamentos, podemos explorar o Eneagrama,[35] um sistema de autoconhecimento que descreve nove tipos de personalidade, cada um com um conjunto central de motivações, medos e desejos. Ele nos ajuda a entender o motivo por trás de nossas ações e reações, revelando os padrões inconscientes que moldam nossos valores e, consequentemente, nossos limites.

Os nove tipos de personalidade são:

O Perfeccionista (O Reformador): Motivado pela necessidade de ser bom e correto, teme ser mau ou imperfeito. Seus limites são rígidos e baseados em princípios morais e regras. Pode ter dificuldade em aceitar a imperfeição, tanto sua quanto alheia, e pode se tornar excessivamente crítico se seus limites forem violados.

O Prestativo (O Doador): Motivado pela necessidade de ser amado e necessário, teme ser indesejado ou sem valor. Seus limites costumam ser frágeis, pois ele teme dizer "não" e ser rejeitado, sacrificando as próprias necessidades para agradar.

O Realizador (O Bem-Sucedido): Motivado pela necessidade de ser admirado e valioso, teme o fracasso e a desvalorização. Seus limites podem ser flexíveis se isso servir a um objetivo de sucesso, mas pode negligenciar o bem-estar em busca de reconhecimento, temendo o fracasso e a desvalorização.

O Individualista (O Romântico): Motivado pela necessidade de ser único e autêntico, teme não ter identidade ou ser comum. Seus limites são muitas vezes expressos por meio de sua individualidade e criatividade, mas pode se isolar se sentir que sua singularidade não é compreendida ou valorizada.

35 RISO, D. R.; HUDSON, R. **A sabedoria do eneagrama:** guia completo para o crescimento psicológico e espiritual dos nove tipos de personalidade. São Paulo: Cultrix, 2010.

O Investigador (O Observador): Motivado pela necessidade de ser competente e autossuficiente, teme ser incapaz ou sobrecarregado. Seus limites são claros em relação ao seu tempo e energia, protegendo seu espaço para estudo e reflexão, mas pode ter dificuldade em se conectar emocionalmente.

O Leal (O Questionador): Motivado pela necessidade de segurança e apoio, teme o perigo e a falta de orientação. Seus limites são estabelecidos para garantir a segurança e a previsibilidade, mas pode ser cauteloso ou desconfiado em excesso, sempre buscando garantias.

O Entusiasta (O Aventureiro): Motivado pela necessidade de ser feliz e ter experiências prazerosas, teme a dor e a privação. Seus limites são fluidos, buscando a liberdade e a diversão, mas pode ter dificuldade em se comprometer ou em lidar com o desconforto.

O Desafiador (O Protetor): Motivado pela necessidade de ser forte e proteger a si mesmo e aos outros, teme ser controlado. Seus limites são fortes e diretos, mas pode ter dificuldade em ser vulnerável ou em ceder, movido pelo medo de ser ferido.

O Pacificador (O Mediador): Motivado pela necessidade de paz e harmonia, teme o conflito e a separação. Seus limites são muitas vezes difíceis de serem estabelecidos, pois evita confrontos, buscando a todo custo manter a paz, mesmo que isso signifique negligenciar suas próprias necessidades.

Essa é uma ferramenta poderosa para o autoconhecimento e para a construção de uma vida mais alinhada com quem realmente somos.

A ciência da autoproteção e do crescimento

A psicologia contemporânea reforça a importância vital de estabelecer e manter limites saudáveis para o bem-estar mental e emocional. A ausência de limites claros em nossas vidas pode nos levar a uma constante exaustão, a relacionamentos tóxicos e à anulação de nossa própria identidade, como um rio sem margens que se espalha e perde sua força.

Henry Cloud e John Townsend, em seu livro *Limites*,[36] afirmam que "Os limites definem quem somos e quem não somos". Eles explicam que limites são as linhas divisórias que nos separam do outro, protegendo nossa identidade, nossos valores e nossa responsabilidade. Sem limites, nos tornamos indistinguíveis do outro, absorvendo suas emoções, seus problemas e suas responsabilidades, o que leva à exaustão e à perda de si mesma. Argumentam também que limites são essenciais para a saúde emocional, pois nos permitem dizer "sim" ao que nos nutre e "não" ao que nos drena, sem culpa.

Já Brené Brown,[37] em suas décadas de pesquisa, descobriu que "as pessoas mais amorosas que conheci são também as mais firmes em seus limites". Ela argumenta que a clareza dos limites é um ato de compaixão, pois evita o ressentimento e permite que os relacionamentos prosperem na autenticidade. É preciso coragem para ser vulnerável, mas também é preciso coragem para dizer "não" e proteger o que é seu. A vulnerabilidade sem limites pode se tornar autoexposição prejudicial, enquanto limites claros permitem uma vulnerabilidade autêntica e segura.

E Viktor Frankl, em sua obra *Em busca de sentido*,[38] nos ensina que quem tem um propósito suporta qualquer coisa. Essa busca por sentido é um limite interno poderoso que nos impede de nos desviarmos do nosso caminho, mesmo diante das maiores adversidades. Nossos valores e propósito funcionam como limites que nos mantêm alinhadas com nossa essência, oferecendo uma resistência interna contra pressões externas que tentam nos desviar do nosso verdadeiro eu.

Quando se tem uma vida com limites, você tem uma vida de paz, energia renovada e relacionamentos mais autênticos e respeitosos. Você se

---

36 CLOUD, H.; TOWNSEND, J. **Limites:** quando dizer sim, quando dizer não. São Paulo: Editora Vida, 2001.

37 BROWN, B. **A coragem de ser imperfeito:** como aceitar a própria vulnerabilidade, vencer a vergonha e ousar ser quem você é. Rio de Janeiro: Sextante, 2016.

38 FRANKL, V. E. **Em busca de sentido:** um psicólogo no campo de concentração. Petrópolis: Vozes, 1991.

sente no controle, honrando suas necessidades e fortalecendo sua autoestima, sabendo que sua capacidade de amar e servir é ampliada quando você se protege.

Exercícios práticos

Para que você fortaleça a sua capacidade de estabelecer limites e viver de acordo com seus valores inabaláveis, proponho os seguintes exercícios:

Mapa dos valores essenciais (axiologia)

Liste seus três valores inegociáveis. Para cada valor, identifique qual dos sete tipos de valores (Teórico, Econômico, Estético, Social/Altruísta, Político, Regulador/Tradicional, Individualista) ele representa predominantemente para você. Depois, reflita: como a compreensão da natureza desses valores (axiológica) impacta a maneira como você os defende e estabelece limites? E, então, pergunte a si mesma: minha rotina de hoje honra esses valores? Se a resposta for não, quais pequenos ajustes posso fazer para alinhar minha vida aos meus valores?

Eneagrama e seus limites

Pesquise sobre os nove tipos do Eneagrama e tente identificar qual tipo mais ressoa com você (ou os dois/três mais fortes). Com base no seu tipo (ou tipos), reflita: qual é a sua motivação central e seu medo fundamental? Como essa motivação/medo influencia sua capacidade de dizer "não" ou de estabelecer limites? Que tipo de limites você tende a ter (rígidos, frágeis, flexíveis, etc.) e por quê? Depois, escreva uma ação concreta que você pode tomar esta semana para estabelecer um limite que esteja alinhado com a saúde do seu tipo no Eneagrama, superando um medo ou uma motivação inconsciente.

Diário do "não"

Anote por sete dias cada "sim" que foi "não" (situações em que você disse sim, mas deveria ter dito não). Ao lado de cada anotação, escreva qual foi o custo desse "sim" para você (emocional, tempo, energia, financeiro). Essa consciência é o primeiro passo para a mudança, revelando os padrões de autoanulação e os sabotadores que operam em sua vida.

Exercício das margens

Desenhe um rio e escreva seus valores nas margens. Visualize esse rio fluindo com força e propósito, protegido por essas margens. O que aconteceria se uma margem fosse rompida? Como você pode fortalecer cada uma delas, protegendo seu fluxo de vida e garantindo que sua energia seja direcionada para o que realmente importa?

Desafio para os próximos três dias

- ✦ **Dia 1:** Escreva seus três valores inegociáveis. Para cada um, identifique qual dos sete tipos de valores (Teórico, Econômico, Estético, Social/Altruísta, Político, Regulador/Tradicional, Individualista) ele representa predominantemente para você. Reflita sobre como essa classificação muda sua percepção sobre a importância de cada valor.
- ✦ **Dia 2:** Com base no seu tipo (ou tipos) do Eneagrama, identifique um limite que você tem dificuldade em estabelecer. Pense em como sua motivação central ou seu medo fundamental podem estar influenciando essa dificuldade.
- ✦ **Dia 3:** Execute o limite planejado, considerando sua motivação e seus valores. Diga "não" com amor e firmeza. Observe a sua sensação após o ato e registre em seu diário as reações (suas e do outro) e os aprendizados. Celebre essa pequena vitória, pois cada limite estabelecido é um passo em direção à sua liberdade e autenticidade.
- ✦ Colocar limites não é erguer muros de isolamento, mas plantar raízes profundas. É dizer: "Eu sou filha, eu tenho valor, e nada pode negociar a minha essência". Quando você sustenta seus valores, define os que são inegociáveis para você e aprende a respeitar a própria voz, você se torna inabalável.

Limites não afastam pessoas, afastam abusos.

Seja forte, corajosa,
invencível, imbatível
@keniagama

CAPÍTULO 8

O BRILHO QUE NASCE DAS RACHADURAS: A FORÇA DA AUTENTICIDADE

Em uma antiga arte japonesa, a do Kintsugi, as peças de cerâmica quebradas são reparadas com laca misturada com pó de ouro, prata ou platina. A filosofia por trás dessa técnica é que a peça se torna mais bela e valiosa justamente por ter sido quebrada e reparada, e as rachaduras, agora preenchidas com ouro, contam uma história de resiliência e transformação. Como já comentei, por muito tempo, a sociedade nos ensinou a esconder nossas rachaduras, a disfarçar nossas imperfeições, mas a verdadeira invencibilidade não está em nunca ter sido ferida, mas em ter a coragem de mostrar as cicatrizes e abraçar a própria vulnerabilidade, descobrindo em si um brilho autêntico e inabalável.

É natural que, ao ouvir sobre rachaduras e reparos, uma voz interna se levante e questione: "Mas e o que não se repara? E a confiança quebrada, que dizem que nunca mais volta?". É um questionamento justo. De fato, algumas quebras deixam marcas tão profundas que a reconstrução não é um retorno ao que era, mas a criação de algo novo. A confiança, por exemplo, uma vez traída, pode não ser "colada" de volta e ser como antes. Mas a autenticidade e a coragem são o ouro que permite que, mesmo nessas rachaduras mais dolorosas, algo novo e mais forte possa ser construído: uma nova forma de relacionamento, baseado na aceitação das imperfeições, no perdão e, principalmente, em uma nova você mais valiosa e única.

Despindo a armadura

A crença de que a perfeição é o único caminho para a aceitação nos aprisiona em uma busca exaustiva por uma imagem impecável. Somos ensinadas a "ser fortes", a "não chorar", a "não demonstrar fraqueza", como se a vulnerabilidade fosse um defeito a ser escondido. Essa programação cultural nos leva a construir um "falso *self*", uma persona que se adapta às expectativas externas, na esperança de sermos amadas. O paradoxo é que, ao negar nossa autenticidade, negamos também a possibilidade de uma conexão genuína, de um amor verdadeiro e de uma força que nasce da autoaceitação.

Imagine que a nossa personalidade é como uma cebola, com várias camadas. Na infância, para nos proteger da dor, da rejeição ou do julgamento, começamos a construir essas camadas: a camada da "menina boazinha", da "aluna perfeita", da "filha que não dá trabalho". Com o tempo, essas camadas se solidificam, transformando-se em armaduras e muros que nos separam do mundo e, pior, de nós mesmas. Paramos de seguir nossos instintos, de expressar nossas verdades, de nos arriscar, porque o medo de quebrar essas camadas e expor o que está por baixo se torna paralisante.

Brené Brown[39] desmistifica essa ideia, afirmando que a vulnerabilidade é, na verdade, a medida mais precisa da coragem. Ela não é sobre fraqueza, mas sobre a ousadia de se expor, de se mostrar quem realmente somos, sem garantias de aceitação.

Minha própria jornada me fez entender que a busca incessante por uma perfeição inatingível era uma armadilha. Eu me via como quem precisava dar conta de tudo, temendo que qualquer sinal de fraqueza desmoronasse a imagem que eu havia construído. Mas foi nos momentos em que me permiti ser autêntica, que a verdadeira conexão aconteceu. Não foi a lista de conquistas que me aproximou das mulheres que me seguem, mas a partilha das minhas lutas, das minhas dúvidas, dos meus "quases". Minha autenticidade não diminuiu minha autoridade; ela a humanizou, tornando-me um espelho no qual outras mulheres puderam se ver e encontrar permissão para serem elas mesmas.

Lembro-me de uma fase em que a pressão de manter a imagem de "mulher que dá conta de tudo" era esmagadora. Eu escondia as noites de

---

39 BROWN, B. **A arte da imperfeição:** abandone a pessoa que você acha que deve ser e seja você mesmo. Rio de Janeiro: Sextante, 2020.

insônia, as crises de ansiedade, a exaustão que me corroía. Meu corpo e minha mente, como já compartilhei com você, começaram a gritar o que minha boca silenciava. Cada sintoma era um mensageiro da alma, um convite urgente para despir a armadura e me permitir ser humana.

Essa armadura me fez suportar situações que hoje considero inaceitáveis. Agora, entendo: enquanto mostrar-se invencível (quando se está perdendo para seus medos) é o maior caminho para o esgotamento, mostrar-se autêntica é o caminho para a libertação, para a cura e para a construção de relações verdadeiras e profundas.

A autenticidade diante de Deus: o poder que nasce da imperfeição

Na Bíblia, a autenticidade nunca foi vista como um defeito, mas como um portal para a manifestação do poder divino. É justamente no reconhecimento das nossas fraquezas que Deus se revela mais forte. As passagens bíblicas estão repletas de personagens que, ao exporem suas fragilidades, foram usados de maneira extraordinária.

Davi, o rei guerreiro, não hesitou em confessar seus pecados e medos nos Salmos, derramando sua alma diante de Deus. Sua autenticidade não o diminuiu, mas o tornou "um homem segundo o coração de Deus", capaz de grandes feitos porque confiava em uma força maior que a sua.

Moisés, que se sentia incapaz e com dificuldades na fala, foi escolhido por Deus para libertar um povo inteiro. Sua hesitação inicial não foi um impedimento, mas um convite para que o poder de Deus se manifestasse por meio de sua fraqueza, transformando-o no maior líder de Israel.

Jesus, em sua humanidade, experimentou a angústia profunda no Getsêmani, suando sangue diante da iminência da cruz. Sua autenticidade não diminuiu sua divindade, mas a tornou mais compreensível e poderosa para nós, mostrando que a entrega e a coragem de enfrentar a dor são caminhos para o propósito maior.

O aprendizado e a evolução só vêm quando reconhecemos nossos pontos de melhoria. É a autenticidade, a unicidade e a vulnerabilidade diante de Deus que abre espaço para a força dEle se manifestar em nós, pois é nesse lugar de entrega que nos despojamos do controle e permitimos que o Divino opere, transformando nossas fraquezas em testemunhos de Sua graça.

Como bem dito em 2 Coríntios 12:9, não precisamos ser perfeitas para sermos usadas por Deus; pelo contrário, é em nossas imperfeições e fragilidades que o poder divino se manifesta com mais clareza, transformando nossas fraquezas em testemunhos da graça de Deus: "A minha graça é tudo o que você precisa, pois o meu poder é mais forte quando você está fraco".[40]

Coragem é uma escolha diária

A coragem não é um dom inato de poucos, mas uma habilidade que podemos desenvolver e fortalecer a cada dia. A ciência comprova o que a fé já sabia: a coragem é treinável.

A neurociência nos mostra que a coragem nasce da capacidade de regular a resposta da amígdala cerebral (o centro do medo, que nos coloca em estado de alerta) e ativar o córtex pré-frontal (responsável por decisões conscientes e regulação emocional). Pesquisadores como Richard Davidson demonstraram que práticas de enfrentamento e resiliência modificam fisicamente o cérebro, fortalecendo as conexões neurais que nos permitem agir com bravura.[41] A famosa frase de Donald Hebb, em tradução livre, sintetiza esse conceito: "Neurônios que disparam juntos, se conectam juntos".[42] Ou seja: cada vez que enfrentamos um medo, mesmo que pequeno, fortalecemos circuitos neurais de coragem. É como um músculo: quanto mais o exercitamos, mais forte ele se torna.

Pesquisas recentes em psicologia positiva mostram que pessoas que praticam "atos de coragem diária", desde falar em público até tomar decisões difíceis, desenvolvem mais autoestima, clareza mental e bem-estar. A coragem, portanto, não é um salto gigantesco no abismo, mas uma série de pequenos passos intencionais, um treino diário que reconstrói e fortalece a nossa mente. É a decisão de dar um passo à frente, mesmo com o coração

---

40 BÍBLIA. 2 **Coríntios 12:9.** Nova Tradução na Linguagem de Hoje (NTLH). Disponível em: www.bible.com/pt/bible/211/2CO.12.9. Acesso em: 11 out. 2025.

41 DAVIDSON, R. J. *op. cit.*

42 HEBB, D. O. **The Organization of Behavior.** Nova York: Wiley, 1949.

batendo forte, sabendo que cada pequeno ato de bravura nos aproxima da mulher inabalável que nascemos para ser.

O verdadeiro *self* em ação

A autenticidade é a porta de entrada para viver uma vida alinhada com o nosso verdadeiro eu. Vários pensadores da psicologia já confirmaram isso. Um deles, Carl Rogers, enfatizou a importância da autenticidade e da autoatualização.[43] Para ele, a pessoa plenamente funcional é aquela que vive em congruência com seu verdadeiro *self*, aceitando suas experiências e sentimentos, mesmo os mais difíceis. A autenticidade é um componente chave dessa congruência, pois nos permite ser quem realmente somos, sem máscaras ou defesas.

Já Donald Winnicott nos mostra que só quando deixamos cair as máscaras – aquelas defesas que construímos para sobreviver – é que o "verdadeiro *self*" pode emergir.[44] O "falso *self*" é uma persona que criamos para nos adaptar às expectativas externas, especialmente na infância, para sermos aceitos e amados. No entanto, viver nesse "falso *self*" nos esvazia, nos desconecta e nos adoece. Assim, a autenticidade é o caminho de volta à nossa essência inabalável, permitindo que o "verdadeiro *self*" floresça.

E Kristin Neff trabalha com o conceito de autocompaixão, que é a capacidade de ser gentil e compreensiva consigo mesma diante do sofrimento, da falha ou da inadequação.[45] Ela envolve três componentes: bondade consigo mesma (em vez de autocrítica), humanidade comum (reconhecer que o sofrimento faz parte da experiência humana) e mindfulness (estar presente com a dor sem se identificar excessivamente com ela). Abraçar a autenticidade é um ato de autocompaixão, pois nos permite aceitar nossas imperfeições e sermos gentis conosco, em vez de nos chicotearmos por não sermos perfeitas.

---

43 ROGERS, C. R. **On Becoming a Person:** A Therapist's View of Psychotherapy. Boston: Mariner Books, 1995.

44 WINNICOTT, D. W. **Tudo começa em casa.** São Paulo: Martins Fontes, 1999.

45 NEFF, K. **Self-Compassion:** The Proven Power of Being Kind to Yourself. New York: William Morrow, 2011.

Todos esses pensadores apontam para a mesma direção: a autenticidade não é o fim, mas o começo de uma vida mais significativa, criativa e plena.

Promovendo um ambiente de coragem: a segurança psicológica

A autenticidade não é apenas uma prática individual; ela tem um impacto profundo nos ambientes em que vivemos e trabalhamos. A professora de Harvard Amy Edmondson introduziu o conceito de segurança psicológica, que é a crença compartilhada de que um time é seguro para a tomada de riscos interpessoais.[46]

Em um ambiente com alta segurança psicológica, as pessoas se sentem à vontade para:

- Fazer perguntas: sem medo de parecer ignorantes.
- Pedir ajuda: sem medo de parecer incompetentes.
- Admitir erros: sem medo de serem punidas.
- Oferecer novas ideias: sem medo de serem ridicularizadas.

A autenticidade é o alicerce da segurança psicológica. Quando líderes e membros de uma equipe demonstram autenticidade – admitindo que não sabem tudo, pedindo ajuda, reconhecendo falhas –, eles criam um espaço onde todos se sentem seguros para fazer o mesmo. Isso não apenas fomenta a inovação e a aprendizagem, mas também fortalece a conexão e a confiança entre as pessoas.

Metáforas do brilho e das rachaduras: imagens que transformam

As metáforas nos ajudam a internalizar conceitos complexos, tornando-os mais palpáveis e inspiradores. O brilho que nasce das rachaduras e a força da autenticidade podem ser vistas por meio de imagens poderosas.

---

46 EDMONDSON, A. **Psychological Safety and Learning Behavior in Work Teams.** Administrative Science Quarterly, v. 44, n. 2, p. 350-383, jun. 1999. Disponível em: web.mit.edu/curhan/www/docs/Articles/15341_Readings/Group_Performance/Edmondson%20Psychological%20safety.pdf. Acesso em: 11 out. 2025.

A concha e a pérola: a transformação da irritação

Dentro do fundo escuro do mar, a ostra é ferida por um grão de areia, uma partícula estranha que invade seu espaço. Poderia se fechar e morrer, mas escolhe um caminho diferente: envolve a dor, a irritação, com camadas de nácar, uma substância preciosa. O que nasceu como uma ferida, um incômodo, se transforma lentamente em uma joia rara, a pérola. Assim é conosco: nossas maiores feridas, as dores e as traições que nos atingem podem se tornar nossas maiores riquezas. A rachadura é o grão de areia; a autenticidade é a decisão de envolver essa dor com resiliência, transformando-a em algo de valor inestimável, um brilho que só pode vir de um processo de cura profunda.

O guerreiro sem armadura: a força da verdade

Imagine um campo de batalha. Os soldados chegam cobertos de ferro, mas há um guerreiro que entra de peito aberto, sem armadura. À primeira vista, parece o mais frágil. Mas sua coragem inspira mais do que qualquer escudo, porque não esconde a própria humanidade. Assim é a autenticidade: o poder de ser visto sem camuflagem, de se expor com verdade, inspirando confiança e conexão, pois a verdadeira força não reside na invulnerabilidade, mas na capacidade de se mostrar real.

A criança na bicicleta: a coragem de cair e aprender

Lembre-se da primeira vez que uma criança anda de bicicleta. Ela sabe que vai cair, que vai ralar o joelho, que a dor é uma possibilidade real. Mas a vontade de aprender a pedalar, de sentir o vento no rosto, é maior que o medo. Ela cai, levanta, sacode a poeira e tenta de novo. E a cada queda, ela aprende, ajusta, fortalece. Quando nos tornamos adultos, muitas vezes, o medo de sofrer nos bloqueia. Paramos de tentar, de nos arriscar, de subir na bicicleta da vida. Mas a verdade é que não existe derrota, só existe aprendizado. Cada "queda" é uma lição, uma oportunidade de ajustar a rota, de fortalecer um músculo, de aprimorar a técnica. A coragem da criança nos lembra que o processo de aprendizado envolve riscos, mas que a recompensa da liberdade e do avanço supera em muito o medo da dor.

A casa de vidro: transparência que ilumina

Uma casa de vidro não esconde rachaduras. Quem passa, vê as marcas, mas também enxerga a luz entrando por todos os lados. Essa casa é bela não apesar das rachaduras, mas por causa delas. Nossa vida é assim: quando nos permitimos ser transparentes, as rachaduras deixam de ser motivo de vergonha e passam a ser vitrais por onde Deus manifesta sua luz. É a beleza da imperfeição, a força que emerge da aceitação de nossa totalidade.

A semente no solo: o rompimento para o florescer

No silêncio da terra, a semente precisa ser rompida para gerar vida. O processo é doloroso: a casca se parte, a estrutura inicial se desfaz. Mas só assim brota a planta. Nossa autenticidade é essa casca que se rompe para dar espaço ao florescer da nova vida. É a coragem de se desconstruir para se reconstruir, de permitir que o antigo morra para que o novo possa nascer.

A autenticidade que constrói força e legado

Minha história é um testemunho vivo de que a autenticidade, quando abraçada com coragem, não nos destrói, mas nos constrói. Ser autêntica é parte da minha missão. Este livro é, para mim, um ato de estar nua diante de você, compartilhando minhas dores e minhas superações. Não me faz mais fraca. Me faz mais forte.

Sempre fui muito transparente. Nunca estive em um personagem. Em dado momento, e a cada crise que eu superava, comecei a contá-las como testemunhos. E percebi que, ao falar abertamente sobre as noites que dormi no chão da empresa por não ter dinheiro para a passagem de ônibus, sobre o divórcio iminente, sobre a depressão que me jogou na cama, eu não me diminuía. Pelo contrário, eu me humanizava. As mulheres que me seguiam, que me viam como um exemplo de sucesso, se identificavam com as minhas dores. Elas percebiam que, se eu, com toda a minha trajetória, passei por aquilo e me levantei, elas também poderiam.

Ser autêntica é escolher viver sem máscaras. É ter coragem de ser vista como realmente é. É aceitar que nossas rachaduras não diminuem nossa luz – elas são os pontos por onde a luz entra. É na autenticidade que nasce a coragem. E é na coragem que nos tornamos, de fato, inabaláveis.

Exercícios práticos

Para que você possa abraçar sua autenticidade e fortalecer sua coragem, proponho os seguintes exercícios:

Inventário da Autenticidade

Liste três situações em que você sente que não está sendo totalmente autêntica (pode ser no trabalho, em relacionamentos, em relação às suas finanças etc.). Para cada situação, escreva qual é o seu maior medo ao se mostrar autêntica (medo de julgamento, rejeição, fracasso etc.). Depois, reflita: Qual seria o benefício de se mostrar autêntica nessas situações? Como isso poderia aumentar sua força interior e suas conexões?

Preparação para uma conversa corajosa

Pense em uma conversa difícil que você tem adiado (pedir um aumento, estabelecer um limite, expressar um sentimento) e escreva o que você gostaria de dizer, focando em expressar seus sentimentos e necessidades de maneira autêntica, sem culpar o outro. Por fim, pratique essa conversa em voz alta, imaginando o cenário. Qual é a emoção que surge? Como você pode se preparar para lidar com ela?

Ato de autocompaixão

Pense em um momento recente em que você se sentiu inadequada, falhou ou se criticou duramente. Escreva uma carta para si mesma, como se estivesse escrevendo para uma amiga querida que estivesse passando pela mesma situação. Ofereça palavras de gentileza, compreensão e encorajamento. Leia essa carta em voz alta para si mesma. Observe como a autocompaixão pode transformar a autocrítica.

Espelho da autenticidade

Olhe-se no espelho e diga, com convicção: “Eu me aceito por inteira, com luz e sombra. Minha autenticidade é a fonte da minha força”. Repita essa afirmação até sentir que ela ressoa em seu coração, reprogramando a imagem que você tem de si mesma.

Desafio para os próximos três dias

- **Dia 1:** Compartilhe uma autenticidade (algo real sobre si que costuma esconder) com alguém de confiança (um amigo, familiar, terapeuta ou mentor). Observe a sensação de alívio e a conexão que essa partilha pode gerar. Registre como se sentiu antes, durante e depois.
- **Dia 2:** Faça algo que tem adiado por medo do julgamento. Pode ser postar algo autêntico nas redes sociais, apresentar uma ideia no trabalho ou expressar uma opinião divergente. O importante é dar um pequeno passo para fora da sua zona de conforto.
- **Dia 3:** Escreva no diário: "Minha autenticidade é força, não fraqueza". Detalhe como essa nova compreensão impacta sua visão de si mesma e de seu potencial. Pense em uma área da sua vida onde você se sentia fraca e como a autenticidade pode transformá-la em força.

Autenticidade é quando a coragem fala mais alto que o medo de desagradar.

Seja forte, corajosa, invencível, imbatível

@keniagama

CAPÍTULO 9

CONEXÕES QUE CURAM: A TEIA QUE SUSTENTA O BRILHO

Imagine uma flor exuberante que acredita que seu brilho é fruto apenas de sua própria força. Ela se ergue, desabrocha, mas suas raízes são superficiais – a cada vento forte, ela balança, ameaçando quebrar. Ao seu lado, um carvalho centenário, com raízes profundas e galhos entrelaçados a outras árvores, que resiste a qualquer tempestade. A força desse carvalho não está em sua individualidade, mas na interconexão com o ecossistema da floresta. A vida, em sua essência mais pura, é um convite à interdependência. Nascemos em famílias, crescemos em comunidades e prosperamos em redes. O ser humano não foi feito para a solidão. A necessidade de pertencer, de ser visto, ouvido e amado é tão vital quanto o ar que respiramos.

No entanto, em meio aos desafios e às dores, é comum que nos fechemos, acreditando que a autossuficiência é o único caminho para a proteção. Eu mesma, conheci essa ilusão. Lembro-me daquele período em que a vida parecia desmoronar. Eu estava quebrada em todas as áreas, mas o que mais me doía, e só percebi depois, era a solidão. Sem amigos, isolada, sentia vergonha do meu fracasso.

O isolamento é um sabotador silencioso, que nos convence de que somos um fardo, ou que ninguém compreenderá a profundidade de nossas feridas. Eu me convenci de que precisava resolver tudo sozinha, que pedir ajuda era um sinal de fraqueza. Mas foi nesse ponto que a minha percepção começou a mudar.

Eu me levantei por meus filhos – a minha motivação inabalável. Mas aí percebi que ninguém constrói um império, uma vida plena ou uma família sólida sem o apoio de outras pessoas. Eu precisava de uma rede, de uma teia de apoio que me puxasse para cima quando minhas próprias forças pareciam esgotadas.

A dança entre a solitude e a conexão

Solitude não é sinônimo de solidão. É um espaço sagrado de autoconhecimento, no qual podemos ouvir a voz da nossa alma, identificar nossas feridas, desmascarar nossos sabotadores e reconectar com nossa essência. É o momento de introspecção, de reflexão, de entender quem de fato somos longe das expectativas e influências externas. É onde a flor solitária busca suas próprias raízes e se fortalece em sua individualidade.

No entanto, o desenvolvimento pleno, o florescer genuíno, acontece na interação. É nos relacionamentos que nossas crenças são desafiadas, e nossos limites são expandidos. É no espelho do outro que vemos nossas sombras e luzes, e é na troca que aprendemos a lapidar nossa essência. A solitude nos dá a bússola interna; os relacionamentos nos dão o mapa e a jornada. Sem a solitude, corremos o risco de nos perdermos na multidão; sem os relacionamentos, estagnamos em nosso próprio universo, sem a oportunidade de crescer, de amar e de ser amada em sua totalidade.

Na solitude nos conhecemos, mas nos relacionamentos nos desenvolvemos.

O solo fértil para o florescer

A ambiência, ou o ambiente em que estamos inseridas, é um dos fatores mais poderosos na nossa jornada de desenvolvimento. Não se trata apenas do espaço físico, mas da atmosfera emocional, intelectual e espiritual criada pelas pessoas e pelas energias que nos cercam. Ela molda nossas crenças, nossos comportamentos e até mesmo a forma como percebemos o que é possível.

Se você está em um jardim onde o solo é árido, a água é escassa e as outras plantas sufocam seu crescimento, por mais forte que seja sua semente, ela terá dificuldade em florescer. Da mesma maneira, se você se cerca de pessoas que duvidam, que criticam, que vivem na escassez, sua própria energia será drenada. Por isso, a escolha consciente de quem nos cerca e dos ambientes que frequentamos é um ato de autoproteção e de investimento no nosso próprio brilho. Como uma flor que busca o sol e o solo fértil, precisamos nos posicionar em ambientes que nos nutram, que nos inspirem e que nos impulsionem para a frente.

Conexões verdadeiras não sugam, curam.

Seja forte, corajosa,
invencível, imbatível
@keniagama

Muito se busca mudar a mentalidade, mas não há crença limitante que resista a um resultado concreto. Se você está em um ambiente de desenvolvimento, você vai se desenvolver. Desde que eu aprendi isso, me coloco em ambientes que me puxam (mentorias e *masterminds*, principalmente).

O poder da interdependência

Na minha jornada, aprendi a importância do que chamo "Teoria dos Elásticos". Segundo esse conceito, se você é sempre a pessoa que puxa, que motiva, que tem os maiores resultados e o mindset mais elevado em seu círculo, a inércia e o comodismo dos outros podem acabar vencendo você. É um elástico que estica demais e, uma hora, perde a força. Para ser inabalável, você precisa também ser "puxada".

Essa percepção foi um divisor de águas para mim. Eu estava acostumada a ser a forte, a que resolvia, a que dava conta. Mas, quando a vida me derrubou, precisei aprender a receber. E foi aí que a teia de elásticos começou a se manifestar na minha vida.

Pense comigo: quem são os elásticos na sua vida?

Elásticos que esticam

São aqueles que desafiam você, que a tiram da zona de conforto. São os mentores, as pessoas que já chegaram aonde você quer chegar e que mostram o caminho. Para mim, pessoas como Dirce Carvalho, que foi um mapa aberto de sucesso e prosperidade, Chantell Cooley, um grande exemplo de vitória empresarial, Conrado Adolpho, que me abriu os olhos para o movimento que eu poderia gerar, Flávio Augusto e Joel Jota, que me inspiraram com suas performances e visões. Eles foram elásticos que me puxaram para um nível de pensamento e ação que eu não alcançaria sozinha. Eles me mostraram que era possível sonhar mais alto, e que, por exemplo, o "bilhão" não era um conceito abstrato, mas uma realidade tangível para pessoas íntegras e com propósito.

Elásticos de suporte

Aqueles que dão a base para você, que a seguram quando está prestes a cair. Sem dúvida, o primeiro deles é Deus. Minha força e vitalidade. Minha filha, que, com um pratinho de macarrão instantâneo, me tirou do fundo do poço (conto essa história no meu primeiro livro). Minha equipe, que permaneceu ao meu lado mesmo quando as dívidas pareciam não ter fim. Minha irmã, que jejuou e orou por 21 dias quando me divorciei. O Constellation, o *mastermind* no qual dezenas de amigas e eu podemos ser vulneráveis. Eles foram e são a minha base, o meu chão, o elástico que me impediu de desabar completamente.

Elásticos que puxam para trás (Síndrome da Branca de Neve)

Aqueles que duvidam, que criticam, que lembram de onde você veio e de tudo o que "não vai dar certo". Eu ouvi muito disso. Pessoas que diziam que eu era louca por querer empreender, por querer expandir, por querer sonhar grande. Algumas "amizades" simplesmente se desfizeram quando eu comecei a brilhar mais, porque a minha luz ofuscava a zona de conforto delas. Chamo isso de "Síndrome da Branca de Neve": a necessidade de se afastar de pessoas pequenas (não no sentido literal, mas na mentalidade) para que você possa crescer.

Essa compreensão me fez ver que as interações, mesmo as desafiadoras, me tornaram mais forte. Não era apenas resiliência, que é resistir e voltar ao meu estado original. E a minha teia de elásticos me proporciona isso.

O networking que transforma vidas

Ter uma rede de contatos não é apenas sobre coletar cartões de visita; é sobre construir relacionamentos genuínos e estratégicos. Eu aprendi que o networking de qualidade é um dos ativos mais importantes para o crescimento, tanto pessoal quanto profissional. Ele não só abre portas, mas também expande a sua mente e o seu universo de possibilidades.

Para gerenciar essa teia de elásticos de modo eficaz, desenvolvi uma regra prática para gerenciá-la: a do "Networking 70/20/10". Explico a seguir do que se trata.

70% dos relacionamentos: nutrir e consolidar

São as pessoas que já fazem parte da sua vida, sua família, amigos de longa data, colegas de trabalho atuais e antigos, clientes fiéis. Eu invisto tempo em manter essas relações vivas e saudáveis. Isso significa ligar para saber como a pessoa está, celebrar suas conquistas, oferecer ajuda sem que ela peça, e estar presente nos momentos importantes. Por exemplo, eu procuro manter contato com minhas primeiras mentoradas, porque elas são parte da minha história e do meu sucesso. Eu as nutro, e elas, por sua vez, nutrem a minha alma com suas histórias de superação.

20% dos relacionamentos: expandir e inovar

Aqui entra a busca intencional por novas conexões. São as pessoas que esticam você, que a desafiam, que lhe trazem novas perspectivas e conhecimentos. Para mim, isso significou participar de *masterminds*, eventos de alto nível, e buscar mentores que já estavam aonde eu queria chegar. Lembro-me de quando comecei a frequentar eventos onde havia bilionários. No início, eu me sentia intimidada, com a minha "mentalidade de periferia" me dizendo que eu não pertencia àquele lugar. Mas me forcei a sentar à mesa, a ouvir, a aprender. E foi nesses ambientes que comecei a desmistificar a riqueza e a perceber que pessoas de grande sucesso eram, em sua maioria, íntegras, com propósito e família. Essa expansão foi crucial para que eu quebrasse minhas próprias crenças limitantes sobre o dinheiro e o sucesso.

10% dos relacionamentos: liberar e deixar ir

Essa é a parte mais difícil, mas a mais libertadora. São as conexões que já não fazem sentido, drenam sua energia, não se alinham com seus valores ou puxam você para baixo. Eu tive que aprender a me afastar de pessoas que, mesmo sem intenção, me desmotivavam ou me faziam duvidar do meu potencial. Não é sobre ser arrogante, mas sobre proteger a sua energia e o seu propósito. Se você continua andando com pessoas com mentalidade pequena, você nunca vai alcançar o seu potencial máximo. É preciso ter coragem para dizer "não" a convites, a conversas, a ambientes que não a elevam.

Essa abordagem não é sobre abandonar quem você é ou de onde veio, mas sobre honrar sua jornada e, ao mesmo tempo, buscar ambientes que fomentem seu crescimento. A minha experiência me mostrou que as conexões que curam são pontes para novas realidades. Elas nos ajudam a desmistificar medos, a quebrar padrões e a nos ver com um potencial muito maior do que imaginávamos. Elas são o antídoto para a solidão e o combustível para a antifragilidade.

A ciência da conexão e o apoio social

A minha jornada para me tornar inabalável não foi solitária. Foi um caminho pavimentado por mãos estendidas, ouvidos atentos, palavras de encorajamento e exemplos que me inspiraram a ir além. Havia uma teia de elásticos, uma constelação de almas, pronta para me sustentar e me ajudar a brilhar ainda mais forte. Essas conexões não me tornaram apenas resiliente; elas me impediram de quebrar e me impulsionaram a florescer de uma maneira que eu jamais imaginaria.

A psicologia e a neurociência confirmam o que a sabedoria popular já intuía: o apoio social é um pilar fundamental para a saúde mental e emocional. Vamos analisar brevemente algumas outras teorias a seguir.

Teoria da Aprendizagem Social

Esta teoria, desenvolvida por Albert Bandura,[47] nos mostra que aprendemos muito observando os outros. Nossas conexões nos fornecem modelos de comportamento, estratégias de enfrentamento e inspiração. Ao nos cercarmos de "elásticos que esticam", estamos ativando um processo de aprendizagem social que nos impulsiona. Vemos o sucesso, as atitudes, as crenças e os resultados de outros e isso nos motiva a emular, a adaptar e a criar nossos próprios caminhos. Bandura argumenta que a observação de modelos pode influenciar não apenas o comportamento, mas também as crenças de autoeficácia, que são cruciais para a motivação e o sucesso.

Capital social

O conceito de capital social,[48] popularizado por Robert D. Putnam, refere-se ao valor que as redes sociais e as conexões trazem para os indivíduos

---

47 BANDURA, A. **Social Learning Theory.** New Jersey: Prentice Hall, 1977.

48 PUTNAM, R. D. **Bowling Alone:** The Collapse and Revival of American Community. New York: Simon & Schuster, 2001.

e para a sociedade. Ele se manifesta por meio de normas de reciprocidade, confiança e cooperação. Quanto mais capital social possuímos, temos mais acesso a recursos, informações e apoio, o que é crucial para o desenvolvimento pessoal e profissional. Nossas "teias de elásticos" são, em essência, nosso capital social em ação. Putnam destaca que o capital social pode ter um impacto significativo na saúde, na felicidade e no bem-estar das pessoas, pois facilita a cooperação e a ajuda mútua, criando um senso de pertencimento e segurança.

Contágio emocional

As emoções são, de fato, contagiosas. Pesquisadores como Elaine Hatfield, John Cacioppo e Richard Rapson[49] demonstraram que, em ambientes de conexão, as emoções podem se espalhar rapidamente, influenciando o estado de espírito e o comportamento dos indivíduos. Estar em um ambiente com pessoas positivas e inspiradoras pode elevar nossa própria energia e otimismo, enquanto ambientes tóxicos podem nos arrastar para baixo. Isso reforça a importância de escolhermos nossos "elásticos" com sabedoria, pois as emoções dos outros podem, inconscientemente, moldar as nossas.

Princípio da reciprocidade

Esse princípio, estudado por Robert Cialdini,[50] afirma que tendemos a retribuir o que recebemos. Em um contexto de conexões que curam, isso significa que ao oferecer apoio, escuta, conhecimento e generosidade, ativamos um ciclo virtuoso de troca mútua. O networking não é apenas sobre o que podemos tirar dos outros, mas sobre o que podemos dar, construindo relações baseadas na confiança e no benefício mútuo. A reciprocidade é um dos pilares das relações saudáveis e produtivas, criando laços de gratidão e interdependência.

---

49 HATFIELD, E.; CACIOPPO, J. T.; RAPSON, R. L. **Emotional Contagion.** Cambridge: Cambridge University Press, 1993.

50 CIALDINI, R. B. **Influence:** The Psychology of Persuasion. New York: Collins Publishers, 2006.

Ser inabalável é permitir que o amor se torne a sua estrutura.

Seja forte, corajosa, invencível, imbatível

@keniagama

A neurociência também nos mostra o impacto físico das conexões. Quando nos sentimos conectados e seguros, nosso cérebro libera hormônios como a oxitocina, que promovem sentimentos de bem-estar, confiança e reduzem o estresse. O trabalho de pesquisadores como Richard Davidson,[51] na área da neuroplasticidade, demonstra que práticas que fortalecem as relações e a compaixão podem, literalmente, modificar a estrutura do nosso cérebro para criar novas trilhas neurais que favorecem a calma e a conexão. É o que eu chamo de "sinapses de presença", que se formam quando repetimos para nós mesmas algo como "Deus está comigo".

A qualidade das nossas relações é um fator preditivo de longevidade e felicidade, mais até do que a riqueza material ou o status social. Essa força coletiva é o que nos permite ir além. Quando uma pessoa da rede luta, a rede a levanta. Quando uma conquista, a rede celebra e se inspira. A minha missão de empoderar mulheres, de ajudá-las a despertar a mulher brilhante e rica que existe nelas, foi amplificada e fortalecida pelas mulheres que buscaram minha ajuda e pelos mentores que me guiaram. Meu propósito se tornou mais claro e mais potente porque eu o compartilhei e o construí em conexão com outros.

A plenitude, o "Shalom" hebraico - que significa "nada quebrado, nada faltando, nada fora do lugar" - não é um estado que se alcança em isolamento. Ele inclui a riqueza de relações, a harmonia nas interações e a capacidade de dar e receber amor e apoio. Uma vida inabalável é uma vida rica em conexões, em que a interdependência é vista como uma fonte de poder, não de fraqueza.

O poder da comunidade e do propósito compartilhado

A sociologia fala de um conceito chamado "efervescência coletiva", que é a energia e o entusiasmo que surgem quando indivíduos se reúnem em um grupo para um propósito comum. É uma força que transcende o individual, criando um senso de unidade e poder que amplifica a capacidade de cada

---

51 DAVIDSON, R. J. *op. cit.*

um. Eu vejo isso acontecer em cada evento, em cada mentoria, em cada encontro do Mulher Brilhante. Mulheres que chegam desanimadas, com crenças limitantes, saem transformadas, com um brilho nos olhos e a certeza de que podem conquistar o mundo.

Essa é a beleza do propósito compartilhado: ele nos tira do isolamento, nos conecta a algo maior que nós mesmas e nos dá a energia e a coragem para enfrentar qualquer desafio. Quando você encontra a sua tribo, você não só se sente pertencente, mas também se torna parte de uma força imparável.

Exercícios práticos

Para que você possa abraçar sua autenticidade e fortalecer sua coragem, proponho os seguintes exercícios:

Mapeie seu círculo de influência e impacto

Em uma folha grande, desenhe um círculo central que representa VOCÊ. Ao redor, desenhe outros círculos para as pessoas mais importantes em sua vida. Use cores diferentes para categorizá-las:

- ✦ Vermelho (mentores/puxadores): pessoas que a desafiam, ensinam, inspiram a ir além.
- ✦ Azul (pares/colegas): pessoas com quem você troca experiências, colabora, compartilha desafios e vitórias.
- ✦ Verde (mentorados/apoiados): pessoas que você mentora, ajuda, inspira ou serve.
- ✦ Amarelo (suporte emocional): amigos e familiares que oferecem a você um ombro amigo, que a ouvem sem julgamento.
- ✦ Cinza (drenadores): pessoas que a desmotivam, criticam ou drenam sua energia.

Desenhe linhas para conectar você a cada pessoa. A espessura da linha pode representar a força da conexão. Depois, reflita: você tem um bom equilíbrio entre esses tipos de conexões? Quais você precisa fortalecer ou, talvez, diminuir?

Pontes de conexão: ações intencionais

Para os "puxadores" (mentores): escolha um mentor ou alguém que a inspira. Envie uma mensagem de gratidão, compartilhe um aprendizado que você teve com ele, ou peça um conselho específico sobre um desafio atual. O objetivo é nutrir essa relação e mostrar que você valoriza a influência dele.

Para os "pares" (colegas): identifique um colega/par que você admira. Proponha um café virtual ou presencial para trocar ideias sobre um projeto ou desafio em comum. Busque uma colaboração, não apenas uma conversa casual.

Para os "apoiados" (mentorados): pense em alguém que você pode ajudar ou inspirar. Ofereça um conselho, compartilhe um recurso, ou simplesmente envie uma mensagem de encorajamento. Lembre-se: quem mais aprende é quem ensina.

Para os "drenadores": pense em uma maneira de estabelecer um limite saudável. Pode ser diminuir a frequência de contato, mudar o assunto quando a conversa se torna negativa, ou simplesmente não se engajar em discussões que não levam a lugar nenhum. A sua energia é preciosa.

O diário da autenticidade compartilhada

Durante uma semana, reserve dez minutos por dia para escrever em um diário sobre um medo, uma insegurança ou uma falha que você teme que os outros descubram. Ao final da semana, escolha uma dessas vulnerabilidades (a que parecer menos assustadora para começar) e planeje uma pequena ação para compartilhá-la com alguém de sua confiança. Pode ser um amigo, um familiar, um terapeuta ou um mentor. O objetivo é praticar a exposição gradual.

Desafio para os próximos três dias

- ✦ **Dia 1:** Escreva uma carta de gratidão detalhada para uma pessoa em sua vida que a ajudou a superar um momento difícil ou a alcançar uma conquista. Descreva como a ajuda dela fez a diferença. Se sentir coragem, envie a carta. Se não, guarde-a como um lembrete do poder das conexões.
- ✦ **Dia 2:** Identifique uma crença limitante que você percebe ser comum no seu círculo social (como: "dinheiro não traz felicidade",

"é impossível ter sucesso e tempo para a família"). Pense em uma pequena ação ou frase que você pode usar para desafiar essa crença de maneira sutil, mas intencional, em uma conversa. Por exemplo, se alguém disser "dinheiro é a raiz de todo mal", você pode responder: "Eu vejo o dinheiro como uma ferramenta poderosa para fazer o bem e ajudar muitas pessoas".

✦ **Dia 3:** Pesquise e encontre um evento, um curso, um grupo de networking ou um *mastermind* que se alinhe com um objetivo de crescimento que você tem (pode ser financeiro, profissional, pessoal). Dê o primeiro passo para um novo elástico: se inscreva, participe de uma aula experimental ou entre em contato para saber mais.

CAPÍTULO 10

MANIFESTAR É REPROGRAMAR: A ARQUITETURA DA SUA REALIDADE

A realidade, antes de ser vista, é sentida; antes de ser tocada, é imaginada. É como se a vida fosse uma tela em branco e, cada uma de nós, uma artista com um pincel invisível, colore o próprio destino com as cores dos pensamentos e as texturas das emoções.

A minha jornada me ensinou que manifestar não é mágica, mas uma arte de reprogramar o próprio ser para criar a realidade desejada.

A palavra "manifestar" já me pareceu algo místico, distante, talvez até um pouco ingênuo. Eu era uma mulher que trabalhava para "fazer acontecer". Era como se eu estivesse sempre correndo, mas nunca chegando à plenitude.

Foi no fundo do poço, quando a depressão me paralisou e as dívidas me sufocaram, que comecei a questionar tudo. Minha mente, antes tão focada em resolver problemas externos, foi forçada a olhar para dentro. E ali, no silêncio da minha própria dor, comecei a entender que a maior batalha não estava lá fora, mas dentro de mim. Eu precisava reprogramar o meu sistema operacional, a minha mente, para que a realidade externa pudesse, enfim, se alinhar com os meus mais profundos desejos.

A mente como sistema operacional

Tudo o que falamos nos capítulos anteriores são ingredientes de uma receita de sucesso. Agora, é o momento de compilar esse conhecimento e trazê-lo à tona, entendendo que o exterior não tem o poder de desestruturá-la se, no seu interior, você for inabalável.

Vimos que nossa mente opera em camadas – consciente, subconsciente e inconsciente. O subconsciente, com sua vasta capacidade, é o terreno fértil onde nossas crenças e emoções mais profundas são cultivadas. A grande virada acontece quando compreendemos que não estamos à mercê de programas antigos, mas que podemos, ativamente, reescrever o código-fonte da nossa mente.

A neurociência, por meio da neuroplasticidade, nos oferece a base científica para essa reprogramação. Como vimos, nosso cérebro tem a incrível capacidade de se reorganizar, de construir novas conexões neurais em resposta a novas experiências e pensamentos. Cada pensamento, emoção ou comportamento intencional fortalece uma nova trilha neural. O processo de manifestação, portanto, é a aplicação consciente dessa ciência: é reescrever o nosso destino, um pensamento por vez, uma emoção por vez, uma ação por vez.

Já mergulhamos profundamente na Axiologia[52] e entendemos que nossos valores são a bússola interna que guiam nossas escolhas e moldam nossa percepção de mundo. Para manifestar a realidade que desejamos, não basta apenas querer; é fundamental que nossos desejos estejam em profunda harmonia com nossos valores mais autênticos e inegociáveis.

E não me refiro apenas como uma lista de valores; aqui, falo do propósito inabalável que pulsa em seu coração. Se você busca manifestar riqueza, mas seu valor mais profundo é a simplicidade e a aversão ao materialismo, haverá um conflito. Essa dissonância axiológica cria um "ruído" no campo da manifestação, impedindo que seus desejos se concretizem plenamente ou, pior, atraindo uma realidade que, embora pareça desejável na superfície, não trará a plenitude buscada.

A reprogramação eficaz, portanto, vai além de mudar pensamentos; ela exige uma recalibração. É trazer à luz os valores que, de modo inconsciente, podem estar sabotando seus desejos, e realinhá-los com a visão de futuro que você anseia. Quando seus desejos conscientes se alinham com seus valores subconscientes, a manifestação se torna um fluxo natural, quase inevitável. É como se o universo conspirasse a seu favor, porque você está vibrando na frequência da sua verdade mais profunda. É a clareza que

52 SCHWARTZ, S. H. **Universals in The Content and Structure of Values:** Theoretical Advances and Empirical Tests in 20 Countries. In: ZANNA, M. P. (Ed.). **Advances in Experimental Social Psychology.** v. 25. San Diego: Academic Press, 1992. p. 1 -65. Disponível em: https://doi.org/10.1016/S0065-2601(08)60281-6. Acesso em: 15 out. 2025.

transforma o "eu quero" em "eu sou" e, como consequência, em "eu tenho", garantindo que aquilo que você manifesta seja não apenas abundante, mas também significativo e inabalável.

Quando olhamos para nossa personalidade, nossa matriz comportamental, nosso arquétipo mais evidente, e conseguimos encontrar neles uma fusão, conseguimos enxergar nossa autenticidade e autoralidade no mundo. Um ser alinhado e vibrando uma energia vital "original", aquela que diz: você nasceu para ser feliz, saudável, próspera e deixar um legado. Você é forte, corajosa, invencível, imbatível... inabalável.

A ciência da manifestação

Para aprofundar a nossa compreensão sobre como manifestar e reprogramar, precisamos olhar para a vanguarda da neurociência e da física quântica, na qual o trabalho de dr. Joe Dispenza, Gregg Braden e Bruce Lipton se destacam. Segundo eles, não somos apenas observadores passivos da nossa realidade, mas cocriadores ativos, capazes de influenciar o mundo quântico com nossos pensamentos, sentimentos e nossas crenças, para colapsar a realidade que desejamos.

Vamos lá?

Coerência, campo quântico e o colapso da onda de probabilidade

O dr. Joe Dispenza, quiroprático, neurocientista e autor de best-sellers como *Quebrando o hábito de ser você mesmo*[53] e *Como se tornar sobrenatural,*[54] é uma voz proeminente na fusão da ciência com a espiritualidade. Ele nos convida a entender que a física quântica não é apenas uma teoria abstrata, mas uma ferramenta prática para a criação da nossa realidade. Dispenza explica que, no nível quântico, tudo existe como uma onda de infinitas possibilidades. Nada é fixo até que seja observado. A nossa consciência, por

---

53 DISPENZA, J. **Quebrando o hábito de ser você mesmo:** como desconstruir sua mente e criar um novo eu. Porto Alegre: Citadel, 2018.

54 DISPENZA, J. **Como se tornar sobrenatural:** pessoas comuns realizando o extraordinário. Porto Alegre: Citadel, 2020.

meio de nossos pensamentos e sentimentos, atua como o observador que "colapsa" essa onda de probabilidade, transformando o potencial em realidade tangível.

Para que esse colapso da realidade seja intencional e alinhado com nossos desejos, Dispenza enfatiza a importância da coerência cerebral e cardíaca. Nossos pensamentos produzem um campo elétrico, enquanto nossas emoções geram um campo magnético. Quando você *pensa* claramente no seu futuro desejado e *sente* a emoção desse futuro como se ele já fosse real, você cria um campo eletromagnético poderoso e coerente, pois pensamentos e sentimentos estão alinhados. Esse campo é o sinal que você envia para o campo quântico, informando-o sobre a realidade que você deseja colapsar.

Assim, é possível transcender as emoções de sobrevivência (medo, raiva, frustração, culpa), que nos mantêm presos ao passado e ao conhecido, atraindo mais do mesmo. Em vez disso, devemos cultivar emoções elevadas como gratidão, alegria, amor e inspiração. Essas emoções não apenas mudam nossa química interna, mas elevam nossa frequência vibracional, enviando um sinal mais potente e claro para o universo, um sinal de que a realidade desejada já está sendo vivida. Por meio de meditações específicas, Dispenza nos guia a ir além da mente analítica, acessar o subconsciente e ensaiar mentalmente o "eu futuro", mudando nosso estado de ser antes que a realidade externa se manifeste. É nesse estado de ser que o colapso da realidade acontece de modo mais eficaz.

A matriz divina e a linguagem do coração como chave para a manifestação

Gregg Braden, cientista, pesquisador e autor de *A matriz divina*,[55] complementa a visão de Dispenza ao explorar a conexão entre a consciência humana e o campo de energia que permeia o universo. Braden postula a existência de uma "matriz divina", um campo universal de energia que conecta tudo e todos, e que serve como o "útero" da criação, onde todas as

---

55 BRADEN, G. **A matriz divina:** uma jornada através do tempo, do espaço, dos milagres e da fé. São Paulo: Cultrix, 2017.

possibilidades existem. Para ele, essa matriz não é uma entidade passiva; é responsiva à nossa consciência.

A grande revelação de Braden é que a linguagem que a matriz divina compreende é a da emoção sentida no coração. Não basta apenas pensar no que se quer; é preciso *sentir* a emoção de já ter aquilo, sem dúvidas. O coração humano gera um campo eletromagnético que é milhares de vezes mais poderoso que o do cérebro. Quando combinamos um pensamento claro (do cérebro) com uma emoção elevada e sentida no coração (como gratidão, amor, alegria), estamos enviando um sinal eletromagnético de alta potência e coerência para a matriz divina. Esse sinal é a "instrução" que a matriz utiliza para colapsar as ondas de probabilidade em uma realidade concreta.

Braden nos lembra de que somos mais do que pensadores; somos "sentidores", e é na união dessas duas forças – a clareza do pensamento e a intensidade da emoção do coração – que reside nosso poder cocriador. Ele demonstra como a oração e a intenção focada, quando carregadas de sentimento, podem influenciar eventos físicos e até mesmo promover curas, evidenciando que o colapso da realidade não é apenas um conceito, mas uma capacidade inerente à nossa natureza.

A biologia da crença e a reprogramação celular da realidade

O trabalho revolucionário do biólogo celular Bruce H. Lipton, autor de *A biologia da crença*,[56] oferece uma perspectiva fundamental sobre como nossas crenças moldam nossa realidade em um nível biológico e, por extensão, em nosso mundo externo. Lipton demonstra que não são nossos genes que controlam nosso destino biológico, mas sim o ambiente e, mais crucialmente, nossa percepção desse ambiente, ou seja, nossas crenças.

Ele explica que as células do nosso corpo são como minúsculos chips de computador, e a membrana celular é o "cérebro" da célula, que interpreta os sinais do ambiente. Esses sinais incluem nossos pensamentos e nossas emoções. Se o nosso subconsciente está programado com crenças

---

56 LIPTON, B. H. **A biologia da crença.** São Paulo: Butterfly Editora, 2007.

limitantes (como "não sou digna", "o dinheiro é difícil" ou "sempre serei doente"), essas crenças enviam sinais bioquímicos e eletromagnéticos para nossas células. O corpo, então, cria uma realidade biológica que valida essas crenças, manifestando doenças, escassez ou padrões de autossabotagem.

Para Lipton, a reprogramação é a capacidade de redefinir esses programas celulares. Ao mudar nossas crenças limitantes para crenças empoderadoras, nós alteramos os sinais que nossas células recebem. Isso modifica nossa biologia – promovendo saúde e bem-estar – e muda a forma como interagimos com o mundo e como este responde a nós. É um processo de colapsar uma nova realidade a partir de dentro, mudando a programação fundamental que dita nossa experiência. A mente subconsciente, que opera 95% do tempo, é o campo onde essas crenças estão arraigadas, e é por meio da conscientização e da reprogramação dessas crenças que podemos reescrever nossa história em um nível celular e quântico.

A grande sacada desses autores é que, para manifestar, precisamos mudar nosso estado de ser. Não é sobre *fazer* para *ter* e depois *ser*. É sobre *ser* a pessoa que já tem a realidade desejada, para então *fazer* as ações inspiradas que levarão a *ter* essa realidade.

Manifestação em ação: ferramentas e técnicas para manifestar e colapsar sua realidade

Com essa compreensão, as ferramentas que já conhecemos se tornam ainda mais poderosas para reprogramar nossa mente e colapsar a realidade que desejamos, sempre alinhadas aos nossos valores mais elevados e à ciência da cocriação.

Vamos explorá-las a seguir.

Visualização criativa e imersão sensorial

Como já vimos, não basta ver uma imagem mental; é preciso viver nela. Eu comecei a visualizar minha saúde restaurada, minha vida amorosa transformada, minha empresa próspera, minhas contas pagas. Mas eu ia além, aplicando o ensinamento de Dispenza de *sentir o futuro agora*. Como contei no capítulo 5, eu me perguntava: como me sinto ao viver essa realidade?

A imaginação cria a realidade. O que você ousa assumir como verdade em sua mente, cedo ou tarde se tornará fato.

Seja forte, corajosa,

invencível, imbatível

@keniagama

Qual o cheiro do meu novo escritório? Quais os sons da minha casa cheia de alegria? Qual a textura das minhas mãos segurando o cheque da minha liberdade financeira?

Para potencializar essa imersão, é fundamental explorar as modalidades e submodalidades representacionais. Nossos pensamentos e experiências são codificados em sistemas sensoriais: visual (o que vemos), auditivo (o que ouvimos) e cinestésico (o que sentimos, incluindo tato, olfato e paladar). Ao visualizar, não se limite a ver a imagem. Torne-a mais brilhante, colorida, nítida (submodalidades visuais). Adicione sons, o som da sua risada, a música ambiente, as palavras de parabéns (submodalidades auditivas). Sinta a temperatura, a textura, o peso, o sabor da vitória, o cheiro do sucesso (submodalidades cinestésicas). Quanto mais rica e detalhada for essa experiência multissensorial, mais real ela se torna para o seu subconsciente, e mais potente será o sinal que você envia ao campo quântico.

Eu sentia a alegria, a paz e a gratidão como se já fosse real, fazia com que cada sentido fosse ativado. Essa prática, repetida diariamente, começou a imprimir essas novas realidades no meu subconsciente, e criou um mapa detalhado a ser seguido. É a diferença entre sonhar acordada e sentir o sonho como presente, criando coerência entre cérebro e coração, e enviando um sinal claro para a matriz divina, colapsando a onda de probabilidade para a sua manifestação.

Afirmações e decretos poderosos

A repetição é a mãe da aprendizagem, e a palavra falada tem um poder imenso. Se repetia frases negativas por anos, eu podia, conscientemente, substituí-las por afirmações positivas e decretos. Assim, passei a declarar em voz alta: "Eu sou saudável e vibrante", "Meu relacionamento é um exemplo de amor e cumplicidade", "Eu sou uma fonte inesgotável de prosperidade e riqueza". A princípio, parecia estranho, quase uma mentira, sobretudo quando a realidade externa gritava o contrário. Mas, com a consistência e a emoção elevada, essas afirmações começaram a se enraizar, a criar novas sinapses, a se tornar a minha nova verdade. A voz interior, que antes me sabotava, começou a ser reeducada pela minha própria voz, cheia de intenção e fé, alinhando o cérebro com o coração e reprogramando as crenças celulares, como ensina Lipton, para colapsar uma nova realidade biológica e externa.

Ensaio mental

Como já ensinei em *Desperte a mulher brilhante que existe em você*,[57] na seção sobre a Tríade da Motivação, a mente tem um poder incrível de criar e imaginar. O ensaio mental leva isso a um novo nível, transformando a visualização em uma prática ativa de preparação. Atletas de alta performance, músicos e palestrantes usam o ensaio mental para aprimorar seu desempenho. Eles não apenas visualizam o sucesso, mas sentem cada etapa, cada movimento, cada emoção da vitória. Eu comecei a fazer o mesmo com a minha vida. Antes de uma reunião importante, eu ensaiava mentalmente o sucesso, visualizava cada palavra, cada reação, o desfecho positivo. Antes de uma conversa difícil, eu me via conduzindo o diálogo com calma e clareza, alcançando um entendimento mútuo. Essa prática me dava confiança e diminuía a ansiedade, assim como preparava meu cérebro para o sucesso. É a mente treinando o corpo para a realidade que se deseja manifestar, criando um novo "programa" para o subconsciente e colapsando a realidade desejada por meio da preparação interna.

Ação inspirada e alinhada

Manifestar não é apenas sentar e esperar. É a união do trabalho interno com o movimento externo. Uma vez que a mente está reprogramada e a realidade desejada está clara e sentida, a ação se torna um fluxo natural, quase inevitável. Eu comecei a agir como se a realidade que eu visualizava já fosse verdade. Se visualizava uma empresa próspera, eu agia com a confiança de uma empresária próspera. Eu tomava decisões alinhadas com essa visão. Se visualizava um casamento restaurado, eu agia com amor e paciência, investindo na relação. Essa ação não é forçada, mas inspirada. É o universo respondendo ao seu novo alinhamento vibracional e abrindo portas e oportunidades que antes não eram visíveis. É a fé em movimento.

---

57 GAMA, K. *op. cit.*

Gratidão como catalisador

Como já vimos, a gratidão é um dos sentimentos de mais alta vibração. Quando comecei a focar no que eu tinha em vez do que me faltava, a minha energia mudou. Eu passei a agradecer pelas pequenas vitórias, pela comida na mesa, pela saúde dos meus filhos, pelo sol que nascia. Essa mudança de foco elevou a minha frequência e abriu espaço para mais coisas boas entrarem na minha vida. A gratidão se tornou uma prática ativa que fortaleceu a resiliência e o otimismo e criou um círculo virtuoso de bem-estar e atração de mais motivos para agradecer. É o reconhecimento da abundância presente que abre as portas para uma abundância ainda maior, e é uma das emoções mais elevadas para colapsar a realidade desejada.

Superando a resistência à manifestação

Apesar de todas essas ferramentas, o processo não foi linear. Havia vozes internas, os meus "sabotadores", que tentavam me puxar de volta para os padrões antigos. O Crítico me sussurrava: "Você não é boa o bastante para isso. Quem você pensa que é para sonhar tão alto?". A Hiper-realizadora me dizia: "Você precisa trabalhar mais, não pode parar, senão vai perder tudo de novo". O Controlador tentava me convencer de que eu precisava controlar cada detalhe, cada pessoa, para que nada desse errado.

Esses sabotadores são como aplicativos ocultos rodando em segundo plano no nosso celular: consomem bateria, deixam o sistema lento, mas não aparecem na tela principal. Só quando acessamos as configurações e os fechamos manualmente é que a energia volta. Eu aprendi que não posso calar meus sabotadores, mas posso enfraquecê-los cada vez que escolho ouvir a voz do meu Sábio, a minha essência conectada a Deus, que tem clareza, compaixão e coragem. O Sábio é a nossa parte mais elevada, que nos permite responder aos desafios com curiosidade, compaixão, criatividade e ação. É a voz da nossa intuição, da nossa sabedoria interior, que nos guia para o caminho certo.

A batalha contra esses sabotadores é diária, mas cada vez que escolho um pensamento de fé em vez de um pensamento de medo, fortaleço uma nova trilha neural. As sombras não são monstros, elas são apenas a projeção do meu medo, e as transformo em meros cabides.

O impacto da manifestação na minha realidade: uma vida reprogramada e inabalável

A minha vida é a prova de que manifestar é reprogramar. Eu não apenas saí das dívidas e reconstruí meu patrimônio; eu curei meu corpo de doenças crônicas que os médicos não explicavam, rejuvenesci dez anos, tenho mais vitalidade e energia, estou cada vez mais próxima de minha família e amigos, meu relacionamento com Deus só se aprofunda a cada dia que passa e construí um movimento que impacta milhares de mulheres.

Eu visualizava ter saúde, energia, um corpo que me servisse para a minha missão. Eu sentia a vitalidade correndo em minhas veias, a leveza de um corpo em equilíbrio, a força em cada músculo. Eu me via correndo, dançando, cheia de disposição. E isso aconteceu.

Eu visualizava ter uma empresa próspera, que me permitisse viajar e ter tempo para minha família, enquanto ela continuava crescendo. Eu sentia a liberdade de trabalhar de onde eu quisesse, de ver meus negócios prosperando sem a minha presença constante, com uma equipe engajada e processos fluidos. E isso aconteceu.

Não foi mágica. Foi intencionalidade. Foi a aplicação diária dos princípios de manifestação e reprogramação. Foi a fé inabalável de que, se Deus me deu a capacidade de sonhar, Ele também me deu as ferramentas para realizar.

A mente é o nosso maior campo de batalha e o nosso maior jardim. Se não plantarmos nada, ervas daninhas crescem: medo, rejeição, escassez. Elas sufocam as flores do nosso potencial. Mas, quando você decide plantar, regar e podar, o jardim floresce. Cada afirmação é uma rega. Cada oração é um raio de sol. Cada visualização é uma poda que abre espaço para novas flores.

A pergunta que fica é: você está vivendo em um terreno abandonado ou em um jardim cultivado? A escolha é sua. O poder de manifestar e reprogramar a sua realidade está em suas mãos.

Exercícios práticos

Para começar a manifestar e reprogramar sua realidade, proponho os seguintes exercícios, agora com uma compreensão mais profunda dos mecanismos envolvidos:

Inventário de valores e intenções (axiologia aplicada)

Relembre de cinco a sete valores mais importantes para você (liberdade, segurança, amor, contribuição, sucesso, autenticidade, saúde, fé). Depois, para cada um dos seus maiores desejos de manifestação (ex.: um novo negócio, um relacionamento saudável, saúde plena), escreva como ele se alinha e honra seus valores. Se houver desalinhamento, reflita sobre como ajustar o desejo ou o valor para criar coerência.

Este exercício visa garantir que seus desejos não sejam apenas superficiais, mas enraizados em sua bússola axiológica, potencializando o sinal que você envia ao campo quântico e garantindo que a realidade colapsada seja autêntica e satisfatória.

Afirmações de manifestação diária com coerência emocional

Crie cinco afirmações positivas que representem a realidade que você deseja manifestar, garantindo que cada uma esteja alinhada a um de seus valores principais (exemplo: "Minha saúde vibrante e cheia de energia me permite viver minha liberdade plenamente", "Eu atraio prosperidade e abundância em todas as áreas da minha vida, e isso me permite contribuir significativamente para o mundo").

Ao repetir essas afirmações em voz alta, com emoção, todas as manhãs ao acordar e todas as noites antes de dormir, concentre-se em *sentir* as emoções da gratidão e da alegria como se a realidade já fosse sua. Busque a coerência entre o que você pensa e o que sente, para enviar um sinal eletromagnético poderoso ao campo quântico.

Roteiro da vida ideal (detalhado e vibracional)

Pegue um caderno ou o bloco de notas do celular e escreva em detalhes como você deseja que sua vida seja daqui a cinco anos. Não economize nos detalhes: onde você mora, como é seu dia a dia, como se sente, como são seus relacionamentos, qual é o seu trabalho, quanto você ganha, como é sua saúde. Ao descrever cada aspecto, pergunte-se: "Quais valores meus estão sendo honrados e manifestados nesta realidade ideal?". Sinta a congruência entre seus desejos e sua essência.

**O destino
não começa do lado
de fora. Ele brota
dentro de nós.**

*Seja forte, corajosa,
invencível, imbatível*

@keniagama

Leia esse roteiro em voz alta diariamente, como se fosse um roteiro da sua vida. Sinta as emoções que ele evoca, ancorando-o em seus valores mais profundos e elevando sua vibração para o futuro desejado, preparando o terreno para o colapso dessa realidade em sua vida.

Meditação de colapso da realidade

Escolha um dos seus maiores desejos. Encontre um local tranquilo, feche os olhos e respire profundamente. Comece a visualizar seu desejo como se já fosse uma realidade presente. Sinta cada detalhe, ative todos os seus sentidos. Depois, leve essa visualização para o seu coração. Sinta a emoção profunda de gratidão, alegria e amor por essa realidade já manifestada. Mantenha essa coerência entre a imagem mental (cérebro) e a emoção (coração) por alguns minutos, enviando um sinal claro e potente para a matriz divina. Ao final, solte o desejo para o campo quântico, confiando que ele já está a caminho, sem apego ao "como" ou "quando", pois você já colapsou a realidade internamente.

Desafio para o próximos três dias

- **Dia 1:** Identifique crenças e recalibre valores. Liste três crenças limitantes que você percebe que estão impedindo sua manifestação. Ao lado de cada uma, identifique o valor subjacente que ela tenta proteger (exemplo: "Não mereço ter muito dinheiro" pode estar ligada a um valor de "segurança na escassez" ou "humildade mal interpretada"). Recalibre esse valor para um que seja mais empoderador e alinhado com a abundância (exemplo: "Minha humildade me permite receber e compartilhar a riqueza para o bem maior"). Este é o primeiro passo para reprogramar sua biologia da crença.
- **Dia 2:** Crie coerência emocional e colapse o sentimento. Escolha um desejo específico. Durante o dia, sempre que pensar nesse desejo, não apenas visualize, mas sinta as emoções da gratidão e da alegria como se a realidade já fosse sua. Pratique a gratidão por essa realidade futura como se ela já estivesse acontecendo. Observe como isso muda sua energia e sua perspectiva, e como você está de maneira ativa colapsando o sentimento dessa realidade em seu presente.

✦ **Dia 3:** Escolha uma pequena ação que você sabe que a pessoa que já manifestou seu desejo faria. Faça essa ação hoje, mesmo que pareça insignificante. Ao fazê-la, sinta que você já é essa pessoa. Observe como essa ação, por menor que seja, começa a reprogramar sua biologia e suas percepções, e como ela é um passo concreto para colapsar a realidade desejada em sua vida.

CAPÍTULO 11

O DESAFIO DOS 30 DIAS: SUA JORNADA INABALÁVEL

Chegamos ao ponto de virada. Você absorveu os conceitos, desvendou as camadas de sua mente e compreendeu a força que reside em ser inabalável. Agora, vai colocar o que aprendeu em ação.

O Desafio dos 30 Dias serve para transformar conhecimento em sabedoria e sabedoria em uma vida de fé, força e plenitude. Para cada dia, você encontrará tarefas extraídas dos exercícios práticos e desafios propostos ao longo dos capítulos. Aproveite este momento para revisitar os exercícios e perceber o quanto evoluiu nas respostas e na forma como encara cada desafio. Essa comparação pode revelar transformações profundas que talvez tenham passado despercebidas. Sugiro que você leia a tarefa do dia pela manhã, e execute o exercício com intenção.

Mantenha a consistência. Se falhar um dia, recomece no próximo!

Vamos começar!

Despertando a consciência e quebrando correntes

Dia 1: Compromisso inabalável

Exercício: Pegue uma pulseira e coloque em seu braço. Ela será o sinal de que você decidiu ir até o fim desta leitura e cumprir as tarefas propostas.

Crie um "mural inabalável". Pegue uma folha ou um quadro e anote suas vitórias ao longo da leitura. Escreva, de maneira clara e com letra firme: "Eu me comprometo a ser inabalável. Em trinta dias, estarei mais forte, mais confiante e mais próxima da vida que mereço viver. Cada capítulo deste livro será uma semente, e eu vou regar essas sementes com minhas ações".

Meu registro:

Dias 2-4: Quebrando correntes invisíveis

Exercício (Capítulo 1)

- **Dia 2:** Liste dez crenças limitantes em áreas diferentes (corpo, amor, dinheiro, sucesso, espiritualidade).
- **Dia 3:** Escreva de onde cada crença veio e como influenciou sua vida até hoje.
- **Dia 4:** Faça uma versão positiva para cada crença e as reescreva, crie símbolos para cada uma e cole no mural inabalável.

Meu registro:

Dias 5-7: Mapeando feridas

Exercício (Capítulo 2)

- **Dia 5:** Em uma folha, desenhe um corpo humano. Em cada parte do corpo, escreva uma ferida que carrega (abandono, rejeição, humilhação, injustiça, traição). Ao lado, escreva: "De onde veio essa ferida?" e "Como ela impacta minha vida hoje?".
- **Dia 6:** Identifique qual é a sua ferida principal. Escreva como essa ferida moldou suas escolhas até hoje.

▸ **Dia 7:** Escreva uma carta para si mesma criança, oferecendo o que faltou naquela época (amor, acolhimento, validação).

Meu registro:

Reprogramando a Mente e o Corpo

Dias 8–10: Os inimigos internos (sabotadores)

Exercício (Capítulo 3)

▸ **Dia 8:** Identifique seu sabotador principal.

▸ **Dia 9:** Observe como o sabotador principal aparece em seu cotidiano.

▸ **Dia 10:** Escreva conscientemente: “Essa não sou eu. Eu escolho ouvir o Sábio”.

Meu registro:

Dias 11–13: A força do corpo e da autoestima

Exercício (Capítulo 4)

▸ **Dia 11:** Faça uma foto atual sua (mesmo que não goste). Olhe para ela com compaixão.

- **Dia 12:** Pratique um ritual de autocuidado.
- **Dia 13:** Escreva uma carta para seu corpo, agradecendo o que ele já sustentou.

Meu registro:

___

Dias 14-16: A mente que cria a realidade: fundamentos da cocriação

Exercício (Capítulo 5)

- **Dia 14:** Relembre o conceito da mente como um sistema operacional (consciente, subconsciente, inconsciente) e o poder da neuroplasticidade. Escreva em seu diário como você já percebeu sua mente criando sua realidade, seja de maneira positiva ou limitante.
- **Dia 15:** Foco em "sentir é o segredo". Escolha um desejo simples que você tem. Passe o dia sentindo a emoção de já tê-lo realizado, como se fosse uma realidade presente. Observe as sensações em seu corpo e sua mente.
- **Dia 16:** Pratique a visualização criativa com imersão sensorial. Escolha um desejo e visualize-o. Torne essa experiência o mais real possível para seu subconsciente.

Meu registro:

___

Conexão e limites inabaláveis

Dias 17–19: Conexão com Deus: a fonte inabalável

Exercício (Capítulo 6)

- **Dia 17:** Pratique a *Lectio divina* em João 15:5.
- **Dia 18:** Escreva uma carta ao pai terreno (se aplicável) e faça uma oração de reentrega paterna.
- **Dia 19:** Grave um áudio com a "bênção de filha" e ouça ao acordar e antes de dormir.

Meu registro:

Dias 20–22: O poder dos limites e valores inabaláveis

Exercício (Capítulo 7)

- **Dia 20:** Escreva seus cinco valores inegociáveis.
- **Dia 21:** Planeje um limite que precisa colocar.
- **Dia 22:** Diga "não" com amor e firmeza.

Meu registro:

Vulnerabilidade, coragem e manifestação avançada

Dias 23–25: A força da vulnerabilidade e da coragem

Exercício (Capítulo 8)

- **Dia 23:** Compartilhe uma vulnerabilidade com alguém que seja de confiança.
- **Dia 24:** Faça algo que tem adiado por medo do julgamento.
- **Dia 25:** Escreva a seguinte frase: "A minha vulnerabilidade é força, não fraqueza".

Meu registro:

Dias 26–28: Conexões que curam e alinhamento axiológico

Exercício (Capítulo 9)

- **Dia 26:** Mapeie seu círculo de influência e impacto. Identifique seus "elásticos" e reflita sobre a ambiência que você cultiva.
- **Dia 27:** Inventário de valores e intenções. Relembre seus cinco a sete valores mais importantes. Escolha um desejo de manifestação e escreva como ele se alinha com esses valores e os honra.
- **Dia 28:** Crie cinco afirmações positivas que representem a realidade que você deseja manifestar, concentre-se em sentir a emoção da gratidão e da alegria como se a realidade já fosse sua, buscando a coerência entre o que você pensa e o que você sente.

Meu registro:

Dias 29–30: Colapsando a realidade: ação e integração

Exercício (Capítulo 10)

- **Dia 29:** Escolha um desejo que você quer manifestar. Ative todos os seus sentidos (modalidades e submodalidades). Sinta a emoção profunda de gratidão, alegria e amor por essa realidade já manifestada.
- **Dia 30:** Escolha uma pequena ação que a "você do futuro", a mulher que já manifestou seu desejo, faria. Execute essa ação hoje, mesmo que pareça insignificante.

Meu registro:

Para finalizar sua jornada, escreva uma carta para o seu "eu do futuro", descrevendo sua jornada de trinta dias, os aprendizados, as transformações e as realidades que você está ativamente colapsando em sua vida. Celebre cada passo!

Meu registro:

CONCLUSÃO

SUA NOVA REALIDADE COMEÇA AGORA

Chegamos ao fim destas páginas, mas não ao fim da sua história. Pelo contrário, este é o momento em que a caneta se torna sua e a coragem é a tinta que preenche a tela em branco da sua nova realidade. Você não leu um livro; você viveu uma transformação. Você não absorveu conceitos; você despertou a força que sempre esteve adormecida em seu interior.

Lembro-me de cada passo que demos juntas. Das correntes invisíveis que pareciam nos prender, agora viraram pó diante da luz da sua consciência. Das feridas que, por tanto tempo, definiram seus caminhos, e que hoje se tornam cicatrizes, verdadeiras histórias de superação, não de dor. Você desmascarou os sabotadores, aquelas vozes traiçoeiras que sussurravam dúvidas, e as substituiu pela melodia inabalável da sua própria verdade.

Em *Desperte a mulher brilhante que existe em você*, a chama da sua essência foi acesa e, em *Desperte a mulher rica que existe em você*, essa foi transformada em abundância e prosperidade. Agora, neste livro, você forjou a armadura da alma que nenhuma tempestade pode quebrar. Você não apenas resistiu, mas se tornou antifrágil. Cada golpe, cada queda, cada desafio foi um convite para suas raízes irem mais fundo, para seus galhos ficarem mais altos.

Você descobriu que a mente é o seu maior campo de batalha e o seu jardim mais fértil. Entendeu que cada pensamento é uma semente, e que a neuroplasticidade é a prova científica de que você é a arquiteta do seu próprio destino. A conexão com o divino, a fonte inabalável, revelou-se o alicerce que sustenta tudo, a paternidade perfeita que preenche qualquer vazio e a lembra de quem você realmente é: uma filha amada, escolhida, com um propósito grandioso.

Você aprendeu que limites não são prisões, mas margens que protegem o rio da sua vida, permitindo que ele flua com propósito e direção. E, talvez o mais revolucionário de tudo, você abraçou a vulnerabilidade. Aquela que, por tanto tempo, foi vista como fraqueza, revelou-se a sua maior força, o portal para a conexão genuína, para a autenticidade que humaniza e inspira. Suas rachaduras não diminuem sua luz; elas são os vitrais por onde a luz entra e transborda.

As conexões que curam, a sua teia de elásticos, mostraram que a solidão é uma ilusão. Que a força coletiva, a tribo que você constrói e nutre, é o combustível para ir além, para manifestar a realidade que você deseja. Porque manifestar é a união da intenção com a ação inspirada, da fé com o movimento, da gratidão com a abundância; em que seus pensamentos e sentimentos, alinhados aos seus valores mais profundos, colapsam a realidade que você escolhe viver.

Agora, sinta. Sinta a mulher inabalável que você se tornou. Ela não é perfeita, nem precisa ser. Ela é real, vulnerável, forte e infinitamente capaz. Ela não teme a dor, mas a usa como trampolim. Ela não foge da tempestade, mas dança nela, sabendo que cada gota de chuva rega suas raízes.

Lembre-se: a maior riqueza ou a maior escassez não está fora, está dentro de nós. E se o seu coração não for próspero, seu bolso nunca será. Você tem o poder de manifestar e reprogramar a sua realidade. Sua jornada está apenas começando, e o legado que você construirá será um farol para todos que ousarem sonhar. Brilhe, mulher inabalável!

Celebre esta vitória! Você cumpriu o desafio. Você foi até o fim. A pulseira em seu braço ou o seu mural, suas anotações, são a prova visível de um compromisso inabalável que você fez consigo mesma. Sinto um orgulho imenso de cada passo que você deu.

Para que eu possa celebrar junto com você e para que sua história inspire ainda mais mulheres, faço um pedido especial: **vá agora mesmo no meu Instagram, @keniagama, e me mande uma mensagem!** Conte-me que você chegou até o final, que deu certo e que você cumpriu o desafio. Mal posso esperar para ler sua mensagem e sentir a alegria da sua conquista.

Com amor e a certeza de que sua história, a partir de agora, será a mais brilhante de todas.

Kênia Gama

Recomeçar é declarar: ainda existe vida em mim.

Seja forte, corajosa, invencível, imbatível

@keniagama

REFERÊNCIAS BIBLIOGRÁFICAS

AINSWORTH, M. D. S. **Patterns of Attachment:** A Psychological Study of the Strange Situation. Hillsdale: Lawrence Erlbaum, 1978.

BANDURA, A. **Social Learning Theory.** New Jersey: Prentice Hall, 1977.

BOURBEAU, L. **As cinco feridas emocionais:** como superar os sentimentos que impedem a sua felicidade. Rio de Janeiro: Sextante, 2020.

BOWLBY, J. **Attachment and Loss.** New York: Basic Books, 1969.

BOWLBY, J. **Apego e perda:** apego – a natureza do vínculo (Volume 1). São Paulo: Martins Fontes, 2002.

BOWLBY, J. **Uma base segura:** aplicações clínicas da Teoria do Apego. Porto Alegre: Artmed, 2024.

BRADEN, G. **A matriz divina**: uma jornada através do tempo, do espaço, dos milagres e da fé. São Paulo: Cultrix, 2017.

BROWN, B. **A arte da imperfeição:** abandone a pessoa que você acha que deve ser e seja você mesmo. Rio de Janeiro: Sextante, 2020.

BROWN, B. **A coragem de ser imperfeito:** como aceitar a própria vulnerabilidade, vencer a vergonha e ousar ser quem você é. Rio de Janeiro: Sextante, 2016.

CHAMINE, S. **Inteligência positiva.** Rio de Janeiro: Fontanar, 2013.

CIALDINI, R. B. **Influence:** The Psychology of Persuasion. New York: Collins Publishers, 2006.

CLOUD, H.; TOWNSEND, J. **Limites:** quando dizer sim, quando dizer não. São Paulo: Editora Vida, 2001.

DAVIDSON, R. J. **The Emotional Life of Your Brain:** How Its Unique Patterns Affect the Way You Think, Feel, and Live--and How You Can Change Them. Nova York: Avery, 2012.

DWECK, C. S. **Mindset:** a nova psicologia do sucesso. São Paulo: Objetiva, 2017.

EDMONDSON, A. Psychological Safety and Learning Behavior in Work Teams. **Administrative Science Quarterly**, v. 44, n. 2, p. 350-383, jun. 1999. Disponível em: web.mit.edu/curhan/www/docs/Articles/15341_Readings/Group_Performance/Edmondson%20Psychological%20safety.pdf. Acesso em: 11 out. 2025.

FRANKL, V. E. **Em busca de sentido:** um psicólogo no campo de concentração. Petrópolis: Vozes, 1991.

FROMM, E. **A arte de amar.** São Paulo: Martins Fontes, 2015.

GAMA, K. **Desperte a mulher brilhante que existe em você:** conquiste sua independência emocional e financeira por meio de ferramentas poderosas e inovadoras. São Paulo: Gente, 2021.

GAMA, K. **Desperte a mulher rica que existe em você:** o segredo da mulher que trouxe prosperidade e riqueza para mais de 37 mil mulheres. São Paulo: Gente, 2023.

GODDARD, N. **Feeling is the Secret**. Nova York: DeVorss, 1944.

GOLEMAN, D. **Inteligência emocional:** a teoria revolucionária que redefine o que é ser inteligente. Rio de Janeiro: Objetiva, 2011.

HARTMAN, R. S. **The Structure of Value:** Foundations of Scientific Axiology. Illinois: Southern Illinois University Press, 1967.

HATFIELD, E.; CACIOPPO, J. T.; RAPSON, R. L. **Emotional Contagion.** Cambridge: Cambridge University Press, 1993.

HEBB, D. O. **The Organization of Behavior.** Nova York: Wiley, 1949.

JUNG, C. G. **O homem e seus símbolos.** Rio de Janeiro: HarperCollins, 2016.

KANDEL, E. R. **In Search of Memory:** The Emergence of a New Science of Mind. Nova York: W. W. Norton & Company, 2007.

KELLER, T. **O Deus pródigo.** São Paulo: Vida Nova, 2018.

LIPTON, B. H. **A biologia da crença.** São Paulo: Butterfly Editora, 2007.

MATÉ, G. **When the Body Says No:** The Cost of Hidden Stress.Londres: Vermilion, 2019.

MARSTON, W. M. **Emotions of Normal People.** Grã-Bretanha: Routledge, 2003.

MURPHY, J. **O poder do subconsciente.** Rio de Janeiro: BestSeller, 2019.

MYERS, I.; BRIGGS, K. **MBTI Manual.** Palo Alto: Consulting Psychologists Press, 1962.

NORWOOD, R. **Mulheres que amam demais:** quando você continua a desejar e esperar que ele mude. Rio de Janeiro: Rocco, 2011.

PETERSON, J. **12 regras para a vida:** um antídoto para o caos. Rio de Janeiro: Alta Books, 2018.

PORGES, S. W. **The Polyvagal Theory:** Neurophysiological Foundations of Emotions, Attachment, Communication, and Self-regulation. Nova York: W. W. Norton & Company, 2011.

PUTNAM, R. D. **Bowling Alone:** The Collapse and Revival of American Community. New York: Simon & Schuster, 2001.

RISO, D. R.; HUDSON, R. **A sabedoria do eneagrama:** guia completo para o crescimento psicológico e espiritual dos nove tipos de personalidade. São Paulo: Cultrix, 2010.

ROGERS, C. R. **On Becoming a Person:** A Therapist's View of Psychotherapy. Boston: Mariner Books, 1995.

ROSSI, E. L. **The Psychobiology of Mind-Body Healing:** New Concepts of Therapeutic Hypnosis. Nova York: W. W. Norton & Company, 1993.

SCHWARTZ, S. H. **Universals in The Content and Structure of Values:** Theoretical Advances and Empirical Tests in 20 Countries. In: ZANNA, M. P. (ed.). **Advances in Experimental Social Psychology.** v. 25. San Diego: Academic Press, 1992. p. 1–65. Disponível em: doi.org/10.1016/S0065-2601(08)60281-6. Acesso em: 15 out. 2025.

SELIGMAN, M. **Felicidade autêntica:** use a psicologia positiva para alcançar todo seu potencial.Rio de Janeiro: Objetiva, 2019.

SPRANGER, E. **Types of Men:** The Psychology and Ethics of Personality. Max Niemeyer Verlag, 1928.

TALEB, N. N. **Antifrágil:** coisas que se beneficiam com o caos. Rio de Janeiro: Objetiva, 2020.

VAN DER KOLK, B. **O corpo guarda as marcas:** cérebro, mente e corpo na superação do trauma. Rio de Janeiro: Sextante, 2020.

WINNICOTT, D. W. **Tudo começa em casa.** São Paulo: Martins Fontes, 1999.

Aponte a câmera
do seu celular
para o QR Code
e tenha acesso
a materiais e
ferramentas
extras exclusivas.

Este livro foi impresso pela gráfica Bartira em papel
offset 90g/m² em novembro de 2025.